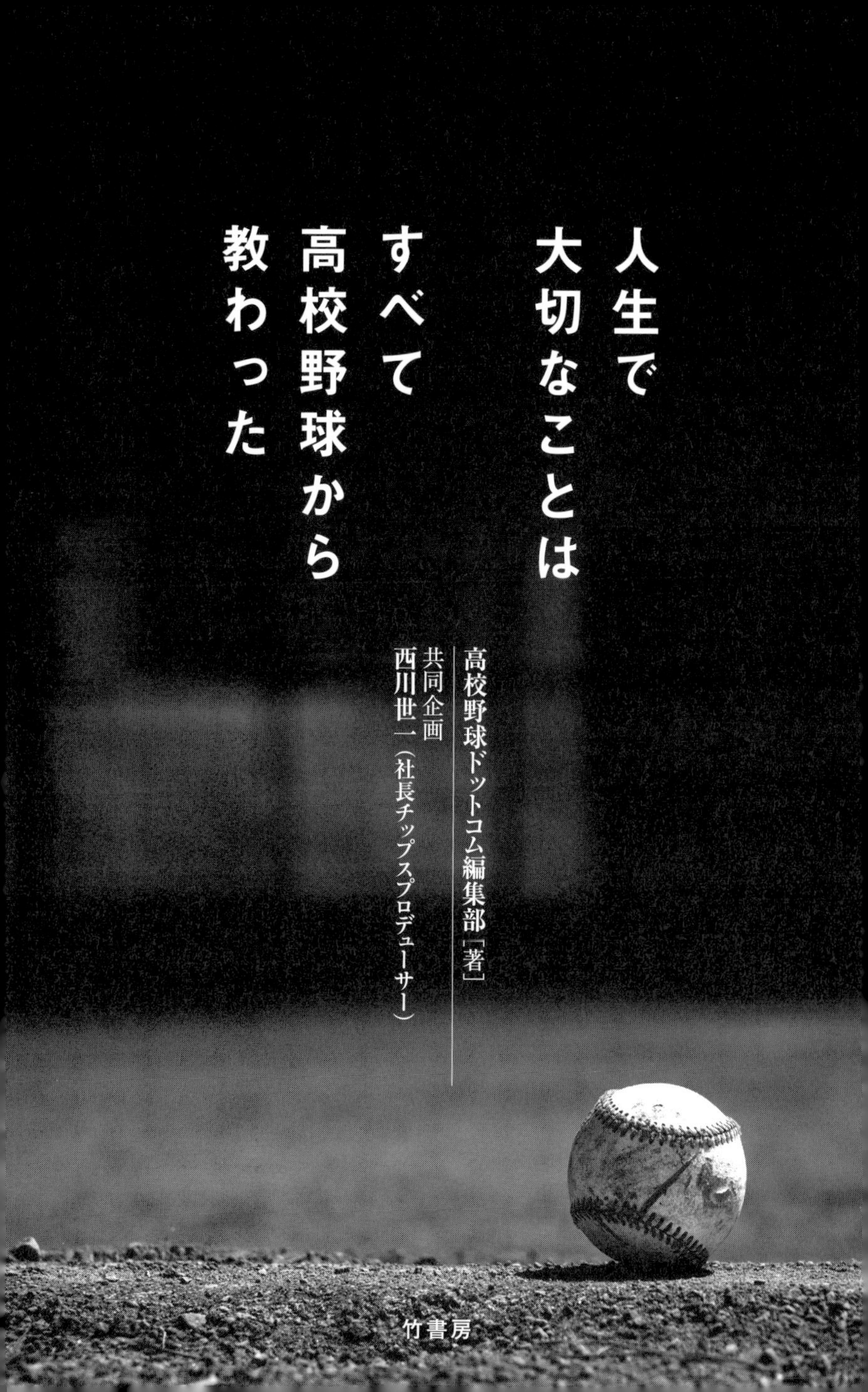

人生で大切なことはすべて高校野球から教わった

高校野球ドットコム編集部［著］
共同企画
西川世一（社長チップスプロデューサー）

竹書房

はじめに

高校野球の3年間とは、一体どんな時間でしょうか。

今、現役で野球に打ち込んでいる球児たちにとっても、高校を卒業した元球児たちにとっても、高校野球に明け暮れる3年間は、きっと特別なものであると私たちはいつも感じています。

たとえ甲子園に届かなくても、仲間とともに白球を追いかけた経験は、何年経っても心の中で光り輝くものとなるでしょう。

そして、そんな経験を胸に高校を卒業した球児たちは、いずれ社会人への道を歩みはじめます。高校野球の現場では、常に各チームの監督たちから野球の技術だけではなく「社会に出てから通用する力」を教えられますが、それは長い人生で見た時、高校野球の3年間はほんの一瞬であり、その経験を将来にどうつなげられるか、どう生きていけるかを高校野球はじめ学生スポーツでは重視しているからです。

では、実際に社会に出た球児たちは、どんな道をどのように歩んでいるのでしょうか。

この作品では、高校野球を経験し、その後「社長業」に就いた14名の元球児たちに取材を行い、グラウンドで培った3年間の経験が、現在にどのように活かされているのかお話を伺いました。

企業のトップとして社員をまとめ、大きな責任を背負って日々戦っている社長たちですが、その土台となっているのは高校野球の経験だと、みな断言されています。

なぜきつい練習に耐えるのか、なぜチームワークを良くするのか、なぜ勝利を目指すのか。彼らの言葉から、高校野球において学ぶことが社会に出ても活きてくるということが感じられます。

また本作を通して、社長という職業にも興味を向けてほしいと考えています。

日本は今、起業後進国と呼ばれています。あるアンケートでは「自身に起業する力がある」と答えた人の数は、日本は主要49カ国の中でダントツの最下位。事業を立ち上げることと、人の上に立つことに対して、非常に後ろ向きな国となってしまいました。

本書では、裸一貫から事業を立ち上げ会社を成長させていった社長から、立身出世して企業のトップに上り詰めた社長まで、様々な社長のストーリーを紹介しています。野球という共通点の中から、社長業の素晴らしさも認識してもらい、「社長」の道を志す野球経験者が一人でも多く誕生してくれることを祈っています。

人生で大切なことはすべて高校野球から教わった　目次

第4章 ビジネスマンとしての基盤を作った早稲田実業の「自立」の精神

東京ガスケミカル株式会社 阿久根謙司常務（早稲田実業OB）

第7章

人間的な拙さから後悔ばかりだった野球人生。弱さを認め、乗り越えたからこそ今がある

株式会社L・M・K　岡本篤志代表取締役（三重県・海星OB）

第8章
現実逃避、2度の倒産危機を救ってくれた野球での経験が今、新たな夢を呼び覚ます

株式会社ライジングユニオン　豊留恵社長（大阪桐蔭OB）

第11章

進むべくして進んだ経営という道。
チームで結果を出す喜びをコンサルティングの世界で追求したい

株式会社ENERGIZE‐GROUP 生嶋健太社長（兵庫県立姫路東OB）

特別章

やり続ければ世界《けしき》が変わる　乗り越えれば世界《みらい》が変わる
高校野球と社長業、そのつながりを野球経験社長とともに伝えたい
～本企画への思い～

株式会社ＥＳＳＰＲＩＤＥ　西川世一 社長（中京大中京ＯＢ）

第1章

文武両道で培った忍耐力で
メジャーリーガーの
信頼もつかんだ

株式会社スポーツバックス
澤井芳信社長
（京都成章OB）

さわい・よしのぶ ● 1980年生まれ、京都府出身　京都成章〜同志社大
京都成章では主将を務め、98年夏の甲子園準優勝を経験。同志社大を卒業後、社会人野球「かずさマジック」で4年間の現役生活を経て、スポーツマネジメントの世界へ。現在は自らが立ち上げた株式会社スポーツバックスにて、アスリートのマネジメントを行う。

２０２１年7月7日、平成の怪物と呼ばれた松坂大輔投手（埼玉西武ライオンズ）が今季限りで現役を引退すると発表した。世代の象徴として、同学年に当たる１９８０年度に生まれた選手たちは「松坂世代」と呼ばれ、プロ野球界だけでなく、高校野球や大学野球で彼らとともにプレーした著名人など、世代のつながりは強く続いている。

そしてそんな「松坂世代」の一人として、甲子園の舞台を経験したのが株式会社スポーツバックスの澤井芳信社長だ。

京都成章高校の主将として、春夏と2度の甲子園出場を果たした澤井さんは、第80回全国高等学校野球選手権大会では決勝進出を果たして準優勝。決勝では松坂投手を擁する横浜高校にノーヒットノーランで敗れたが、「あの決勝戦は一生の財産」と胸を張る。

現在はスポーツマネジメント会社を経営し、元メジャーリーガーの上原浩治さんや広島東洋カープの鈴木誠也選手のマネジメントを手掛けているが、高校野球の経験は現在にど

のようにつながっているのだろうか。

甲子園出場を目指して京都成章に進学

京都市伏見区出身の澤井さん。学区内には伏見稲荷大社があり、小学校の時は遠足で行き、また中学時代は友人との溜まり場にもなっていた。野球は小学校3年生時に兄の影響で始め、地元の少年野球チームに入団。だが、決して強豪チームだったわけではなく、中学校に入学時も硬式野球チームではなく部活動の軟式野球部に入部した。

「小学校の時は万年1回戦負けのチームで、僕の代限りで潰れました。中学時代も硬式野球のチームには入っていなかったので、練習もそれほどキツかった記憶もないし、練習後に友だちと伏見稲荷大社で話したりしていましたね。

両親も厳しい人ではなかったので、勉強しろと言われたことはないし、野球の練習をしろとも言われたことはありませんでした。野球の試合を見に来たことも、小中学校時代はほぼなかったですね」

中学時代は、最後の夏の大会では京都市内の大会でベスト16に進出するが、全国的に見るとレベルは決して高くなかった。

中学野球を引退して進路選択の岐路に立った澤井さんは、甲子園へ行くために一般受験で京都成章の入学を目指すことを決断する。

「僕が中学3年の時、京都成章が甲子園初出場を果たしました。結果は1回戦負けでしたが、その後チームの練習会にも参加させていただき、そこで京都成章は大学進学を目指している進学校だと聞かされました。

決して勉強ができたわけではないですが、平安高校（現龍谷大平安）や京都西高校（現京都外大西）といった強豪校に入るイメージもなくて。かといって公立高校に行けば、甲子園のチャンスは少なくなると思って京都成章を目指すことに決めました」

当時の澤井さんの成績は、オール3で体育だけ5。合格ボーダーラインのギリギリだったが、中学野球を引退してから塾に通いはじめ、成績は右肩上がりに向上した。

こうして京都成章に見事合格した澤井さんは、晴れて野球部の一員として甲子園を目指すに至ったのだ。

甲子園出場のために文武両道に励む

京都成章での高校生活をスタートさせた澤井さんだったが、野球と勉学の両立は想像以上に大変だった。

当時の奥本保昭監督は、練習以上に生活態度と勉強を重視しており、赤点を取ると練習にも参加させてもらえず、また授業中に居眠りをすれば担当の教員から報告が入る。特に1年時は奥本監督がクラスの担任も務めており、グラウンドでも校舎内でも気の抜けない日々が続いた。

「でもやっぱり寝てしまうんですよ。寝ようと思って寝てるわけではないのですが、見つかったら怒られますし。そこで僕は首を曲げて、ノートを取っているように見せかけて寝る技を身につけたりしました。寝てはダメだと思ってるけど、眠気に勝てない中で生まれた技術です。

そして、また練習もきつかったんです。練習は本当にどこよりもやった自信があります。本来であれば、帰りは20時17分のバスに乗って最寄り駅に向かうのですが、時間に縛られて練習したくないので、僕らは駅から学校まで30分くらいかけて自転車で通学していました。学校まではずっと登り坂なので、本当にきつかった記憶があります」

当時はまだ、夜遅くまで照明をつけてナイター練習をしても許される時代だった。全体練習が終わった後も、澤井さんをはじめ選手たちは黙々と練習に打ち込み、21時頃にようやくグラウンドを後にする。

帰宅すると時計は22時を回っている。特に大会期間中は、試験1週間前でも練習は行われ、22時以降に眠い目を擦って勉強に打ち込んだ。

「試験1週間前は、帰ってご飯を食べて風呂に入って、一回寝るんです。その後、夜中3時ぐらいに起きて勉強していました。眠らないと眠気で内容が頭に入ってこないので。そうやって試験勉強を乗り切っていました。もちろん夏の大会の期間中も試験は行われるので、早く試験終われと思いながら勉強をしていました」

厳しい練習と苦しい勉強に耐えることができたのは、やはり甲子園に行きたかったからだと振り返る。勉強を疎かにしていては、野球に打ち込むことができず、結果として甲子園からも遠ざかってしまう。

「甲子園のために勉強をしていました」

澤井さんはそう言い切る。

「勉強が大事だということは頭では理解していましたが、やっぱり甲子園に行きたいから勉強するという気持ちが根底にはありました。練習が休みの日も無駄にしたくないので、ゆっくり休むことなくなんだかんだみんなグラウンドで自主練習してました」

学業との両立を徹底して求められる厳しい環境の中でも、甲子園を目指して無我夢中で練習に打ち込んだ澤井さん。その思いは、最上級生となった時に花開くのであった。

甲子園初出場も初戦でまさかの大敗

2年夏、1学年上の先輩たちが全国高等学校野球選手権京都府大会で敗れて引退すると、澤井さんは主将に就任した。チームには左腕エースの古岡基紀さんといった好投手もおり、澤井さんのリーダーシップにも後押しされながら、京都成章は秋季大会を勝ち上がっていった。

「結果として、秋季近畿地区大会でベスト4に進出して、選抜甲子園出場をつかむことができました。もちろん嬉しかったのですが、実は秋季大会では3回も負けているんです」

京都府は、秋季大会では単純なトーナメント制を採用しておらず、まずブロックに分かれて上位進出校を決める1次予選を実施する。その後、各ブロックから2校が2次予選に勝ち進み、そこから改めて近畿地区大会をかけたトーナメントが始まるのだ。

京都成章は1次予選の決勝で平安高校に敗れたが、決勝に進んだ2校が2次予選に進めるため近畿地区大会出場への道を残し、さらに2次予選でも決勝で京都西高校に敗れたものの、同じく決勝進出の2校が近畿大会に進めることから、2度の敗戦にも関わらず選抜甲子園へのチャンスが残っていたのだ。

結果として京都成章は、秋季近畿地区大会でベスト4進出を果たして、見事選抜甲子園出場の切符をつかむ。澤井さんは「ギリギリの戦いも多かった」と振り返るが、ともあれ中学時代から掲げていた目標を見事達成した。

甲子園出場が決まり、歓喜するチームメイトたち。だが、澤井さんには一抹の不安もあった。

「近畿地区大会の準決勝では、奈良県の郡山高校に0対7で敗れて力の差を感じました。そもそも3回負けていた時点で、他のチームとは差を感じていましたし、エースの古岡の出来にも少し不安がありました」

そしてその不安は、選抜甲子園で見事的中することになる。初戦の岡山理大附戦、京都成章は試合の序盤から大量リードを許して苦しい展開となる。打線も援護らしい援護をできぬまま、その後一方的に点差をつけられて2対18で大敗。初の聖地はほろ苦いデビューとなった。

まさかの大敗に肩を落とす選手たち。だが、この敗戦が夏の快進撃につながっていったと澤井さんは振り返る。

「覚えているのは、選抜甲子園で負けてバスで学校に帰った次の日のことです。学校の先生方や生徒のみんなが温かく迎え入れてくれました。負けたにも関わらず『よく頑張った』と声を掛けていただきました。監督は泣きながら『絶対に、夏も甲子園に行きます』

と僕らの前で言わはって、強くならなきゃいけないと強く感じました。

もちろん厳しい声もあり、京都の恥やと言われたこともありましたが、全国の強さを知ることができたのは大きかったと思います。やっぱりそんなに甲子園は甘くないし、強くなるしかないとみんなの意識が統一されて、春以降はこれまで以上に練習しました」

危ない試合をモノにできるチームが夏に勝つ

春以降、選手たちの目の色は以前と明らかに違っていた。

昼休みには、後輩たちがグラウンド整備をする横でティーバッティングを行い、着替える時間を短縮するために学生服の下には体操服を着用。澤井さん自身も、主将としてチームメイトとの会話を意識的に増やし、選手層の底上げを意識した。監督と選手の間に立つ、中間管理職の立場を意識しながらリーダーシップを取ったと明かす。

「監督が言ってることを、部員たちに理解してもらわないといけないですし、かといってただやらされてるだけでもダメです。監督と選手がお互いの考えを理解し合うことができればいいなと思い、やっていましたね。

幸いにも、当時のチームは気持ちの入ったいいやつらばかりだったので、はみ出そうなやつも結局僕らの方に引き込まれていきました。

エースの古岡なんて、選抜以降は気づいたら走っていましたからね。学校から駅までの自転車で30分の道のりも、あいつはよく走って帰っていました。帰りは下り坂ですが、それでも6、7キロはあります。鞄や荷物は後輩に渡して駅で待っててもらい、駅で着替えて帰るみたいな。さすがに僕はそこまでできなかったので、本当にすごいなと思っていました」

取り組む姿勢、練習量。

これまで以上に質の高い練習を積んでいき、京都成章の選手たちは春以降も大きく成長した。

そして迎えた、夏の甲子園をかけた京都府大会。

京都成章は、初戦から田辺高校に勝利を収めたものの2対0と苦戦し、続く3回戦も洛星高校を相手に4対1。決して、快勝とは言えない試合内容が続いた。

「特に苦戦したのが、準々決勝で対戦した大谷高校でした。試合は、5回まで2対6と劣勢に立たされる展開で、やばいなあと思いました。

それでも何とか6対6まで追い上げて、なおも満塁のチャンスで僕に打席が回ってきます。どん詰まりのセカンドゴロでしたが、相手のミスで何とか逆転に成功しました」

絶体絶命のピンチを脱した京都成章は、その後準決勝の北嵯峨戦は7対1で勝利し、決勝の鳥羽戦も7対0と完封勝利。

大会終盤になるにつれて、選手たちは尻上がりに調子を上げていき、見事に春夏連続での甲子園出場をつかんだ。

「やっぱり危ない試合をモノにできるチームが、夏は勝ち上がっていくと思います。夏の戦いは絶対危ない試合があるので、そこをモノにできるかできないかがすごく大事です。ピンチの場面で、『やばい、どうしよう』で終わってしまうのではなく、粘り強く踏ん張ることができるかどうかが鍵になる。

そういった部分を普段の練習で鍛えていくべきだと思いますし、技術練習だけでなく、そういった環境をいかにして作るかが本番に活きてきます。僕らは『27アウトノック』という、公式戦を意識した9イニング27アウトをノーエラーで取る伝統の守備練習をやっていました。誰かエラーすると0アウトから再スタートするというもので、プレッシャーの中で練習をやってきたことも大きかったと思います」

悲願の甲子園1勝。その後も破竹の快進撃

会心の戦いで、春夏連続での甲子園出場をつかんだ京都成章。

周知の通り、甲子園でも破竹の勢いで勝ち進んでいき、最終的には準優勝を果たすことになるのだが、当初の目標はあくまで初戦突破。学校として初の甲子園勝利を挙げ、選抜甲子園ではできなかった勝利の校歌を歌うことを目指していた。

それだけに1回戦の仙台高校戦は、甲子園の戦いの中でも特に印象深く残っている。試合後半に打線がつながり、10対3と大きくリードした状態で最終回を迎えた京都成章だったが、9回裏に突如相手にペースを奪われる。

4連続長短打で点差を詰められると、さらに守備にもミスが出て3失点。なおも三塁にランナーを置くピンチを迎えると、澤井さんは全員に、気持ちを落ち着かせることを提案する。

「普段からやっていたメンタルトレーニングを活かして、高ぶっていた気持ちを一度落とすという作業をやりました。『まだ勝っているから、一回みんな落ち着こう』と言って、野手全員で屈伸をするよう伝えたんです。プレー再開後、いきなり僕のところにショートゴロが来て『これ絶対エラーできひんやん』って思いましたが、何とかアウトにできました」

澤井さんが捌いたショートゴロの間に、三塁ランナーが生還してさらに1点は失ったが、これで二死ランナーなしとなり、最後はエースの古岡投手が三振を奪ってゲームセット。10対7で逃げ切り、念願だった甲子園で校歌を歌うことができた。

「初戦を勝てて、とりあえずはよかったなと。そこから上を目指すというよりも、一戦一戦目の前の敵を倒すことにしか集中していなかったですね。競った試合も多かったですが、あとはもう楽しかったです」

その後は、2回戦で如水館を5対3で撃破し、3回戦では桜美林に5対1で勝利しベスト8進出。以降も、常総学院、豊田大谷と強豪校を立て続けに破り、京都成章は見事に決勝進出。松坂大輔投手を擁する横浜と、日本一をかけて激突することとなった。

松坂投手は準々決勝のPL学園戦で延長17回を投げ、球数は一人で250球にも達しており、また翌日の準決勝・明徳義塾戦でもリリーフ登板していた。

疲労がピークに達していることは想像に難くなく、実際に1番を打つ澤井さんも初回の投球を見て「いけそうだ」と感じたと振り返る。

「記事に出て後で知ったのですが、はじめは打たせていこうと考えてたみたいで、まだエンジンもかかっていなかったんだと思います。でも、先頭バッターの僕がいきなりジャストミートして、結果はアウトでしたが、そこで松坂のエンジンがかかったみたいですね」

回を追うごとに松坂投手のボールは勢いを増していき、初回に感じた希望は気がつけば消失していた。付け入る隙は一切なく、得点どころかヒットすら許してもらえない。

「是非一回見てみてください。PL学園戦の松坂のフォームと、決勝の松坂のフォームは全然違いますから。やはりPL学園が相手ですから、かなり力んでいたと思います。僕らとの試合では力が抜けて指にパチンとボールがかかり、終盤にかけてどんどん伸びのあるすごい球が来ていました。あれは打てません」

結果、京都成章は最後までヒットを1本も打つことができずに、ノーヒットノーランを許し完敗を喫した。

平成の怪物・松坂大輔のすごさを最後の最後に見せつけられた形となったが、それでも澤井さんは楽しく高校野球を終えることができたと振り返る。

「よく冗談で言うのですが、中学時代の全日本のメンバーが集まったチームと、僕らのような名もなき集団が戦うとこんな結果になるなと。

それに、僕らは選抜甲子園で2対18と大敗したところからのスタートでしたし、春を経験していなかったらピンチで屈伸したり、冷静にプレーしたりすることもできなかったと思います。

負けてもやりきった感がありましたし、逆に横浜はあそこで僕らに負けていたら、笑っていられなかったでしょう。そこの差ですかね」

高校野球が今に活きているのは「忍耐力」

改めて高校時代を振り返り、澤井さんは高校野球生活で培った「忍耐力」は現在の社長業、ひいてはビジネスマンとしても大きく活かされていると語気を強めて語る。

「高校野球は、甲子園というわかりやすい目標があって、甲子園出場が現実的でないチームでも『ベスト8進出』など明確な目標設定ができます。でも仕事は結果がわかりづらいので、努力の方向性に迷う元アスリートや元球児も多いのが現実です。甲子園以上のモチベーションを見つけるのはなかなか難しいので。でもそれは当たり前で、それをわかった上でやらないといけないし、仕事に対する目標も価値も人それぞれ違います。

その中でどうやって自分の目標に近づくかを考えた時に、僕の場合は『忍耐』に集約されると考えています。高校野球をやっていると、自分に足りないものがわかりやすいので、目標に対して明確にアプローチできますが、仕事になるとそれが難しい。

目標設定がまずすごく大事で、それを成し遂げるために大事なのは何かと言われると、結局『忍耐』になるんですよ。目標に向かうための努力やつらいことを乗り越えていくには、やっぱり高校野球の時に死ぬほど練習をやってきた経験が力になるのではないかと思います」

現役の球児に置き換えると、これは野球だけではなく勉強にも当てはまる。澤井さんは、甲子園への練習がしたいがために勉強を頑張っていた。これは目標への手段として勉強を捉えていたということだ。

もちろん、中には勉強そのものが大好きな学生もいるが、多くの選手が苦手であろう勉強から逃げないことで培われた「忍耐力」は、学生時代に身につけておくべきだと澤井さんは考えている。

「みんな嫌なことをしたくないのは当たり前ですが、スポーツを理由に勉強から逃げてほしくないんですよね。プロのアスリートとして生きていく人もいますが、多くの人はそこに当てはまりません。

最低限の勉強はすべきだと鈴木誠也選手（広島東洋カープ）も言っています。あのレベルの選手でも言い切ることなので、絶対に勉強からは逃げないようにしないといけないですよね」

そしてもう一つ、澤井さんが現在につながっていると感じている経験が、不条理な上下関係をなくしたことだ。時代背景もあり、入学時は厳しい上下関係があったと振り返るが、最上級生となってからは後輩との健全な関係を心掛けた。

その結果、先輩後輩間での健全なコミュニケーションを取ることができるようになった。それは、社員を持つようになった現在にもつながっていると明かす。

「決して変な馴れ合いではなく、しっかりとコミュニケーションは取れていたと思います。それに僕らの学年は決して弱くなかったし、みんなちゃんと練習していたので、後輩からもリスペクトされていました。

今の会社でも同様です。叱る時は叱る。でも、普段は茶々も入れられる関係は保つ。風通しを良くしつつも馴れ合いにしない、良い意味での緊張感は大事かなと思いますね」

映画「ザ・エージェント」の影響から スポーツマネジメントの世界へ

高校卒業後、同志社大学に進学して野球を続けた澤井さん。3年秋にはショートでベストナインを獲得するなど活躍を見せ、卒業後は社会人野球の新日鐵君津野球部（現：新日鉄住金かずさマジック）に入った。4年間の現役生活を送り、その後は社業に専念する道もあったが、スポーツマネジメント会社への就職を選んだ。

「社会人野球時代に所属していた会社が住宅会社でした。社長は、宅地建物取引士の資格を取って不動産について学んだら、京都に帰ってもええんやからと言ってくださったのですが、やめる頃には新しい道に進むことを心に決めていましたね」

スポーツマネジメントの道を志したのは、高校時代に見たある映画がきっかけだった。それは、トム・クルーズが主演の「ザ・エージェント」。

映画を通して、エージェントの仕事やスーツを着ることへの憧れが沸き上がり、また、もともとスポーツに携わる仕事に就きたいと考えていたことから、スポーツのマネジメントの世界へ踏み出すことを決めた。

「大学時代も、もし野球で無理だったらと思い、いろいろと就職活動の勉強もしていたので嬉しかったですね。ただ、当時はリクナビで就職情報を見ていたのですが、スポーツマネジメントと検索してもヒットするものがあまりなかった時代です。入社できたのは本当にありがたかったです」

スポーツマネジメント会社に入社して実際に業務がスタートすると、苦労しながらも自ら考えて仕事を作っていく作業に大きなやりがいを感じたという。

就職した会社は決して大きな会社ではなかったため、自分で考えて動くことが求められた。営業でのアプローチや最優先に行うべき業務、多くの作業をこなすためには何が必要かを常に考えながら、目の前の業務に取り組んだ。

「周りによく言っていることが、僕のコンプレックスは大手の会社で働いたことがないことなんですよね。教えてもらうより、自分で考えてやることの方が多くありました。任されたポジションで一生懸命やるだけでしたね。ただ野球で学んだ、課題に対してどう解決するか。自分で考えてやってきたことが活きたと思います」

多忙の中にも、やりがいを感じていたスポーツマネジメントの仕事。そしてここでは、のちに独立へとつながっていく大きな出会いもあった。元メジャーリーガーの上原浩治さんのマネジメントを担当することになったのだ。

担当となったのは2008年。当時の上原さんは、アメリカで世界最高峰のプレーヤーたちとしのぎを削っていた。澤井さんは、上原さんがこれまで積み上げてきた価値を落とさないようにすることを心掛けながら、業務に当たったと振り返る。

「失敗もいっぱいしましたし、迷惑を掛けたこともいっぱいありました。でもやっぱり上原さんの『鞄持ち』になったら意味がないと思ったんです。あの人に信頼される、相談される立場になるために、自分（の価値）を上げなきゃいけないと思っていました。

そのためには、やっぱり自分が成長せなあかんし、自分はこう思いますと自信を持って言えなきゃいけないと思いました。だからこそ、自分は大学院（早稲田大学大学院）にも行って勉強したわけです」

上原浩治さんの一言で独立。トップ選手からの刺激も糧に進む

上原さんを担当して3年目になる頃、メジャーリーグの世界から刺激を受ける中で、スポーツマネジメントの世界でどのような方向性で活動していきたいのかが、澤井さんの中で明確になってきた。

スポーツの価値を、どのように社会に提供していくか。それを社会に出る前の学生たち

とアカデミックな場でもう一度学びたい。そう考えた澤井さんは、2013年4月に早稲田大の大学院・スポーツ科学学術院に入学した。そして6月に退職することを決断した。そこで、そのことを上原さんにも報告に行く。

だが、そこで掛けられた言葉は思いもよらぬものだった。

「やめることになりましたと報告に行ったら、『お前独立せえよ。一緒に行ったるから』と言ってくださったのです。驚きましたが、それで独立したという流れです。上原さんの鞄持ちにならないように意識したことが、信頼につながったのかもしれません」

上原さんの一言をきっかけに、2013年に株式会社スポーツバックスを設立した澤井さん。所属アスリートは年々増えていき、現在はマネジメント事業だけでなく、スポーツ施設のコンセプトから設計までコンサルティングを行う、スポーツファシリティコンサルティングの会社も立ち上げた。

プロ野球界では、上原浩治さんの他にも鈴木誠也選手や、同じ松坂世代で大学の同級生でもある平石洋介さん（福岡ソフトバンクホークスコーチ）も所属している。

トップレベルの選手や指導者のマネジメントを担当する中で、彼らから学ぶことも非常に多いと澤井さんは語る。

「平石は選手としては思うように活躍できなかったのですが、指導者として現在活躍してるので、野球観の話をよくします。選手への指導はどうあるべきか。平石は熱く、そして深く考えているので僕も勉強になります。

上原浩治さんや鈴木誠也選手からは、やっぱりプロとは何かを学べますね。僕がプロ野球選手になれなかったのはこういうところなんだなと、お二人と話していると感じます。やっぱり結果を出すところにコミットしてるので、練習のための練習はやりません。

プロ1年目にブルペンに入らないとか、普通はできないでしょう？ でも『僕はこっちの方が結果が出るから』と言って、やりきった上原さんは本当にすごいですよ。

大抵の指導者は、「なんでブルペン入らないんだ？」となるじゃない

ですか。でも、そこでブルペンに入らずに結果を出してきた。彼らの自分の考えを持つ強さや継続力はすごいですし、学べる点だなと感じています」

京都成章時代の文武両道の経験、そして松坂世代のつながりを活かしながら、経営者として活躍を続ける澤井さん。最後に現在の高校球児へのメッセージをお願いすると、上原さんのような「自分の考えを持つ強さ」を引き合いに出しながら、熱い言葉を口にした。

「指導者はあくまでも指導をしてくださる方なので、本当に自分の人生の責任を取ってくれるわけではありません。指導されたことを受け入れつつも、まず自分がどうありたいのか、自分はどうしたいのかをもっと考えて取り組んでほしいと思います。

わからないことがあれば聞けばいいし、受動的じゃなくて能動的にやってほしい。自分の目標に対して、我慢強く工夫して取り組んでもらいたいなと思いますね」

澤井さんも今、アスリートにとっての良きパートナーとして、スポーツが社会に与える価値の向上を目指して、忍耐強く日々の業務に臨んでいる。そして、アスリートから受ける刺激も大きな糧に、これからも経営者として力強く進み続けるだろう。

第2章

エラーの連発に怯えた
鉄壁のセカンド。
恐怖を克服した経験が
福祉の世界で活きている

まちだ・ともひろ ● 1990年生まれ、静岡県出身　常葉菊川～早稲田大(中退)
常葉菊川時代は甲子園に4度出場。第79回選抜高等学校野球大会では優勝に貢献し、また第90回全国高等学校野球選手権記念大会では準優勝を経験した。卒業後、早稲田大学に進学するが、1年足らずで退学。社会人野球のヤマハに入社して4年間プレーした。
引退後は福祉の道を志し、障害児支援施設で2年間の実務経験を積む。2015年に株式会社Greeを立ち上げて、放課後等デイサービスのグリーピースを開業。現在は計4施設を運営する経営者となっている。

常葉菊川の二塁手として圧倒的な守備力を武器に活躍し、甲子園出場4回。そこで優勝、準優勝、ベスト4を経験したのが株式会社Ｇｒｅｅの町田友潤社長だ。２００８年の第90回全国高等学校野球選手権大会では、「セカンドに打ってしまえば望みはない」とまで称されて、町田さんの卓越した守備には誰もが釘付けになり、今なお甲子園の名場面として語り継がれている。

現在は経営者として障害児支援に力を注いでおり、放課後等デイサービスや児童発達支援施設と計４つの事業所を展開している。

「野球をやってきたこと、甲子園に出場したことがいろいろなところで活きている」と笑顔で語る町田さん。

甲子園のスターが福祉の道に進むことになったきっかけ、また野球に打ち込んだ経験が、経営者である現在にどのように活かされているのだろうか。

一発逆転のある野球に魅力された少年時代

静岡県沼津市出身、1990年生まれの町田さん。

2歳年上の兄の影響で、小学校2年生からソフトボールを始めるが、実は小学校1年生からサッカーチームにも所属しており、二つのスポーツを掛け持ちする少年時代だった。

それでも好きだったのは、やはり野球。ソフトボールチームでの練習や、平日に友人と空き地でやる野球の方に楽しみを感じていた。

「サッカーは一発逆転がないじゃないですか。自分は一発逆転のある野球やソフトボールに魅力を感じて、いつも練習や試合が楽しかった記憶があります。練習は、ソフトボールもサッカーも週末に半日の練習しかやらないので、午前中がソフトボールで、家に帰って午後からサッカー。

平日はチームとしての練習はなかったので、みんなで近くの空き地に集まって野球ばかりやっていました。サッカーは体力をつけることができればいいくらいの感じで、重きを置いてたのはソフトボールチームでの練習でしたね」

チームは決して強くはなかったが、町田さん自身は6年生時に沼津市の選抜チームに選ばれ、ハイレベルな環境にも身を置いた。周りの選手たちから大きな刺激を受け、そのほとんどが中学ではリトルシニアやボーイズリーグといった硬式野球チームに入団を考えていたことから、町田さんも地元の硬式野球チームに入団することを決断する。

そして中学生となり、入団したチームが三島リトルシニア。2学年上には元西武ライオンズの髙橋朋己氏が在籍していた強豪だ。ここでは3年生が引退した後の1年生の秋から、主力選手として試合に出場するようになった。

「2学年上の先輩方はとても強いチームでした。髙橋朋己さんは、中学時代はメンバー外の選手でしたが、大学、社会人と徐々に才能を開花されていったのだと思います。

僕自身も、1年の秋からショートを守らせていただきましたが、当時は守備にも全然自信がなかったですね。どちらかといえばバッティングの方に自信があって、1番打者を任せていただいていました」

守備力が大きな課題に。憂鬱だった冬場の猛特訓

チームの主力選手として活躍を見せ、高校のスカウトにも徐々に目をつけられるようになったと振り返る町田さん。東北地区や関東地区からも声が掛かる中で、ある強豪校へ進

学する意識を固めたが、実はその高校は常葉菊川ではなかった。行くつもりだった高校で不祥事が起こったことで、8月頃に進路を変更したのだ。

「常葉菊川へ進学することが決まっていたチームメイトがいて、彼に付いていく形で自分も常葉菊川への進学を決めます。のちに、一緒に甲子園の舞台に立つ上嶋健司です。本当に急転直下の進路変更でしたね」

当時の常葉菊川は、2004年に学校として2度目の甲子園出場を果たしており、ちょうど強豪校へとのし上がろうとしていた時期だった。

実際に入学すると、1学年上にはのちに横浜DeNAベイスターズに入団する、田中健二朗投手が在籍するなど力のある選手が揃っており、同学年にも実力を持った選手たちが入学していた。

その中で町田さんも入学直後からAチームに合流して、遠征にも同行するなど大きな期待を寄せられていたが、それでもはじめは苦労しかなかったと振り返る。

「入学当初は付いていくだけで精一杯でした。高校生だとまず体の強さが違うので、ピッチャーの球の力や、バッターの打球の速さがまるで変わります。持ち味だった打撃でも苦労しましたし、守備もボロボロでした」

1年生の夏はベンチ入りを果たすも、試合に出場することはなくチームは静岡大会で1回戦敗退。新チームになるとセカンドのレギュラーに定着したが、守備でのミスが目立つようになった。

当時の印象は「セカンドに飛んできたら、すべてエラーする感覚」。

秋季静岡大会の地区予選では、記憶にあるだけでも6、7個のエラーをしており、守備面では完全に自信を失った。

「何度もエラーしたことが本当に情けなくて、そこから毎日のように全体練習が終わったら、自主練習でノックを打ってもらうようにしました。とにかく数多く捕球することを意識して、そこから少しずつ守備の感覚をつかみはじめました。

グローブの代わりにスリッパを使ってボールを捕球したり、グラウンドに無雑作にボールをちりばめた状態で、ノックを受けたりすることもありました。そうすることで、打球がボールに当たってコースが変わったり、イレギュラーしたりした時の練習になるんです。同じメニューを淡々とやるだけでなく、工夫しながらやっていましたね」

秋季大会では、常葉菊川は最終的に東海地区大会で優勝し、明治神宮大会でもベスト4に進出したが、町田さんは最後まで落ち着いてグラウンドに立つことはできなかった。

「最低限のレベル」まで上達するには、2年春まで時間がかかったと言い、冬場もとにかくノックを受ける毎日だった。

選抜甲子園までに、何とか間に合わせないといけない。当時の心境はその使命感のみだったと明かし、冬場の苦しい状況を苦笑いで振り返る。

「朝起きるたびに、『うわあ、今日も練習か』と気持ちが下がりました。冬なので練習試合も紅白戦もないし、つらい練習ばかりなので。

当時は、とにかく選抜甲子園までに守備が上達するよう準備しなければならないと思っていて、前向きな努力という感覚は一切ありません。とにかく迷惑を掛けないことだけを考えていました」

3回の甲子園経験から培われた3年夏の盤石の守備力

冬場の猛練習の末、何とか試合で通用すると思えるレベルまで守備を上達させた町田さん。その努力は、選抜甲子園の舞台で結実する。

初戦から佐藤由規投手（元東京ヤクルトスワローズなど）を擁する仙台育英と対戦するなど、強豪校の多いブロックに入った常葉菊川。だが、エースの田中健二朗投手を中心に堅い守りを土台とした野球で、今治西や大阪桐蔭といった強豪校を次々と打ち破っていく。熊本工との準決勝を突破した常葉菊川は、決勝戦でも大垣日大を相手に序盤劣勢になりながらも粘り強く戦い、終盤の逆転劇で見事優勝。

町田さんも2番・セカンドとして全試合出場を果たし、歓喜の輪の中に飛び込んだ。

全国の頂点を極めた常葉菊川は、その勢いのまま夏にも第89回全国高等学校野球選手権大会へ出場を果たし、ここでもベスト4進出。全国の舞台で大きな結果を残し、町田さんにとっても最上級生となる新チームに向けて弾みをつけることになった。

2年生ながら全国の舞台で勝ち進んだ経験は、自分自身が地に足をつけてプレーし、さらに後輩たちを引っ張っていくためにも役に立ったと町田さんは振り返る。

「全国を見渡しても、こんな経験をした選手は少なかったですし、幸いなことに自分たちの代も2年生から試合に出場していた選手が4人いました。新チームでも、経験のある選手たちが引っ張っていくべきだとみんな感じていて、実際にそれが試合を戦う上でも、後輩を引っ張る上でもとても役に立ったなと感じています」

新チームとなった常葉菊川も投打で高いチーム力があり、秋季東海地区大会で優勝を飾ると、明治神宮大会でも見事優勝。

選抜甲子園では惜しくも3回戦で敗れたが、最後の夏となった第90回全国高等学校野球選手権大会では見事準優勝を果たし、町田さん自身の高い守備力も大きな話題となった。

最後の夏を振り返り、町田さんは高いパフォーマンスを発揮するためには、落ち着いてプレーする経験も必要だと実感したと口にする。

「最後の夏は本当に落ち着いてグラウンドに立つことができ、エラーするイメージもまったくありませんでした。これは技術の上達よりも、経験によるものが大きいと思っていて、気持ちが落ち着けば必然的にパフォーマンスも良くなると感じました。

適度な緊張感、良い心のバランスの中で試合に臨むことができ、多くの方に守備力を注目していただけたのも、技術よりもそれまでの3回の甲子園の経験が大きかったからのように感じます」

高校野球を通して培った人心掌握術

改めて高校野球生活を振り返ると、経営者となった現在でも重要な出来事だったと感じるターニングポイントがいくつもあった。

中でも特に印象に残っているのが、2年夏に3年生が引退して最上級生となった時だ。自身のレベルアップだけでなく、チーム全体のレベルアップを考えるべきだと気づき、町田さんは練習の中で下級生への声掛けを意図的に増やしていった。

時には厳しい口調で叱咤することもあり、チームの士気を保つためには、今振り返っても必要なことであった。

「下級生が気持ちの入っていないようなプレーをした時には、『ノックから外れろ、グラウンドから出ろ』とあえて厳しい対応を取ったこともあります。実は先輩方もやっていたことですが、自分が先輩の立場になり必要なことだと実感したのです。やはりそういった選手が一人でもいると、チームとして綻びが出てくるので。

　でも実際は大変でしたね。相手が行動を改善しないと意味がないので。その手段が厳しい対応を取ることでしたが、なかなか改善しない選手も多くいました」

　だがこの経験は、経営者となった現在にも大きく活きている。

　社員に改善を促して行動まで移させるためには、高校時代と同様に相手の心をつかみ、何がダメだったのかを理解してもらう必要がある。

　どうすれば相手にわかってもらえるか。高校時代に考え続けたことで、経営者となった現在も考える癖が身についていた。

「今はさすがに従業員を現場から外したりしませんが、やっぱり従業員のやる気が出る言い回しや、口だけではなく自分が先頭に立って動いていく姿勢を見せたり、周りが付いてきてくれるための努力をしたりというのは常にしています。

　また従業員だけでなく、利用者さんやそのご家族に対しても同じです。相手の心をいかにつかむことができるか、今振り返るととても大きな経験でした」

　後輩たちの心をつかむため、町田さんが高校時代に口にしたのは自分の成功体験と失敗体験だ。甲子園の経験など、自身にしか語れないエピソードや知識を紹介することで、後輩のモチベーションを上げ、また失敗体験も語ることで、焦らせずに安心させることを意識した。

厳しさだけでなく、相手のモチベーションも考えながら、掛ける言葉を選んでいたのだ。

「甲子園では、強いチームはこんな意識でやっていた、こんな取り組みをしていたと話すことで、後輩にとってのプラスにもなるしモチベーションにもつながります。

また『最初は俺もこんなにエラーしたんだぞ』と言うことで、『先輩でもそんなことがあったのか』と安心するはずです。

仕事でも、スタッフの経験や立場によって掛ける声掛けも変わりますし、特に若い新入社員にはなかなか意図が伝わらないことも多いので、まずは『何でもいいからやってごらん』と自ら考えさせることを意識しています。

自分がたくさんエラーして失敗に失敗を重ねたように、スタッフに対してもいろいろなことにチャレンジして考える癖をつけてほしいと思っています。ただし、焦らなくていいよとはいつも言っていることです」

ちなみに町田さんは、野球教室にも指導者として参加するなど、現在も野球との関わりを持っている。

その時はいつも、エラーし続けたエピソードを選手たちには必ず伝えている。

「理不尽を真正面から受けてしまった」。1年足らずで大学を中退

高校野球の経験を活かして、経営者としても活躍を見せる町田さんだが、挫折についても触れておきたい。

常葉菊川を卒業後、早稲田大学に進学し硬式野球部にも入部したが、1年も経たずして「町田友潤」の名前が部員名簿から消えていた。

組織には規律を保つためのルールがあるが、野球部独特のルールに慣れることができず、塞ぎ込んでしまったことが原因だった。

「単刀直入に言うと、僕が精神的に子どもでした。理不尽なことはあってはいけませんが、実際は野球の世界にも理不尽なことはあります。でもそこに対して、自分が真正面から受け止めてしまい、どんどん塞ぎ込んで逃げてしまいました。

別に暴力などがあったわけではありません。社会に出たら理不尽なことはもっとありますし、本当に自分が精神的に幼かったのだと思います」

その後は、元チームメイトの戸狩聡希さんの仲介から社会人野球のヤマハに入社し、ここでは4年間プレー。持病だった腰の状態が悪化し、2013年に現役を引退したが、社

会人野球を経験したことは、自分自身を見つめ直すいいきっかけになったと振り返る。

「社会人野球では、会社に野球をやらせてもらっている環境で、自覚や責任感が自分の中に出てきました。どんな状況の中でも、会社のために前を向いて、責任感を持ってプレーしなければいけません。その中で野球をプレーさせていただけたことは、精神的な成長につながりました」

だが矛盾するようではあるが、現役の高校球児に対しては、同じような状況に直面した場合でも無理に野球を続ける必要はないと力説する。

そこには、町田さんならではの人生観があった。

「こんなことを高校生に言っていいのかわかりませんが、もしどうしても嫌だったらやめてもいいのではないかと思います。自分のように理不尽を真正面から受け止めてしまう方が危ないと思いますし、野球だけが人生ではありません。

嫌なことを右から左に流せばいいとか、そんな安易なことは言えなくて、本当につらいことであればやめてもいいし、自分のようにそれを糧にして違う道で頑張ればいいと思っています。今思えば自分も、それはそれで本当にいい経験だなと感じていますが」

きっかけは高校時代。福祉の道を志しヤマハを退職

引退後はヤマハに残り社業に専念する道もあったが、かねてより興味を持つ世界があり退職することを決断した。

それは福祉の道だった。

きっかけは高校時代に遡る。高校2年の春に選抜甲子園で優勝を果たし、学校に戻ると優勝報告会が行われた。先生方や生徒たちに祝福を受ける中で、校舎の周辺には地元の住民もお祝いに駆けつけており、そんな中で町田さんは寮に帰る途中に、知的障害のある男の子を連れたある母親から声を掛けられた。

「お子さんと一緒に写真を撮ってくださいと言われたのですが、その時に『この子は障害を持っていて、この子にとっても、私にとっても励みになりました』と、温かい言葉をいただきました。

自分からすれば、ただ一生懸命野球をやっていただけなのに、こんなに感動してくださる方がいたことにすごく驚きました。野球をやれるうちはこれまで通り頑張って応援される選手になろうと思いましたが、とはいえずっと現役を続けられるわけではありません。

この体験をしてから、こういった子どもたちに、直接役に立ちたい思いが常に頭の中にありました」

現役引退後、町田さんはすぐに行動を開始する。

知人が運営している障害児支援施設を見学に行き、まずは現場で実務経験を積んでいこうと決断。2年間の修行期間を経て、放課後等デイサービスの「グリーピース」を立ち上げた。

その後「グリーピースⅡ」、「グリーピースSwitch」と事業所を増やしていき、児童発達支援の「グリーピースToys」も開業。現在は計4施設を運営する経営者となっている。

放課後等デイサービスは、対象が小学生から高校生までとなっており、児童発達支援の対象は6歳までの未就学児だ。利用者の多くは小学生で、普段の業務の中で福祉の仕事にやりがいを感じる瞬間は多くあると口にする。

「実は独立志向があったわけではありませんでした。それでも起業した理由は、福祉の道を志してからは、自分が思い描く施設で子どもたちに還元していきたいという思いがあったからです。

この仕事をやってよかったなと思えるのは、子どもたちができないことに一生懸命挑戦して、できなかったことができるようになった瞬間に立ち会えた時です。その瞬間はものすごくやりがいを感じますし、福祉の仕事を選んでよかったなと心から感じます。

最初はエラーをしまくっていたけれど、最後は甲子園で良いプレーができた自分と重なる部分もありますね」

取材を通して福祉のことを少しでも発信していきたい

思い描く施設を目指して、経営者の道を邁進する町田さんであるが、これまでには多くの困難もあった。

立ち上げ時から従業員を募集し、一から指導していく中で、福祉や介護の仕事は若者から敬遠されがちな仕事であると肌で感じるようになる。

担い手の少なさは、福祉の世界に入った時から業界全体の問題として耳にはしていた。実際に事業所を立ち上げ、なかなか社員の採用が進まなかったり、また入社しても長く続かなかったりするケースにも直面し、解決しなければならない問題だと痛感した。

そして経営面を考えても、「利用者は入ってきてくれるのか」といった不安は常につきまとい、会社を経営する難しさを思い知った。

「福祉や介護の仕事は、若い人たちからは敬遠されがちなところがあって、すごく大変な仕事であるイメージを持たれているようです。担い手の少なさは、問題だなと感じました。

幸いにもうちの事業所には、僕がまだ若いこともあって、担い手を増やしていきたい理念に共感してくれた若者が、多く入社してくれました。平均年齢は20代半ばとかなり若いと思います。

従業員に常々、若いうちからしっかり力をつけていけば、事業所としても個人としても信頼されるから頑張っていこうと声を掛けています。その分、給与の面でも平均を絶対に下回らないように、経営者の努力もしています」

それでも「甲子園のスター」だったことは、思わぬ形で経営に活かされた。

「救いだったのは、甲子園で自分の名前がかなり知られたため、利用者のお父様がすごく興味を持ってくださることです。実はお母様と比べて、お父様と接点を持

つ機会はなかなか少ないのですが、僕への興味から利用につながるケースもあり、こんな形で活きるとは思いませんでした」

町田さんには、自身の会社経営だけではなく、業界全体を盛り上げていきたい気持ちが強い。最近では「元甲子園のスター」として取材を受ける機会も多いが、それは福祉の世界に興味を持ってもらえるきっかけになればといった思いからだ。

担い手が少ないがゆえに、閉鎖的になりがちな福祉の業界を、もっともっと良くしていきたいと町田さんは思いを語る。

「もともと前に出るのは好きではなく、自分だけの取材であればお断りしていると思います。ですが、福祉のことを少しでも発信できるのであればと考えていて、福祉の世界にはこんな人がいるんだよと、こんなに良い業界なんだよと知ってもらえるきっかけにしたいと思います。

実は昨年、小学校で未来授業というものをやらせていただき、高校野球や甲子園での活躍が今の仕事にどのように活きているのか、45分間の授業を行いました。今年も行う予定で、こうした活動も福祉業界を広めていくきっかけにしていきたいですね」

元横浜高校主将とタッグ。野球を通じて出会う仲間は大きなもの

また現在も、野球との関わりは持ち続けている。

地域の野球教室に指導者として参加したり、経済的に苦しい子どもたちに野球用具を寄贈したりする取り組みを行っている、一般社団法人「日本未来スポーツ振興協会」の静岡県の支部長も務める。

日本未来スポーツ振興協会は、町田さんと同世代で横浜高校の主将を務めた小川健太さんが代表理事を務めており、高校3年時はともに春夏連続で甲子園に出場。その当時から親交もあり、卒業後も連絡を取り合う関係だった。

小川さんからの連絡に、協力することを即答した町田さん。静岡県内で野球用具を必要としている子どもたちを探したり、野球人口を増やすイベントに参加したりするなど精力的に活動している。

「小川は僕たちの世代の象徴のような存在で、みんなが一目置いていました。そんな彼から直接連絡があり、一緒にやらないかと声を掛けてもらいました。僕も野球に育ててもらった人間なので、高校野球に恩返ししなくてはいけない気持ちがあり、そこで思いが合致

甲子園での成功体験を福祉の世界にも活かし、経営者として、野球人として活躍を続ける町田さん。最後に現役の高校球児へメッセージをお願いすると、野球に打ち込む中でできる経験、仲間の重要性を熱く語った。

「正直、自分が甲子園で良いプレーができたことはあまり記憶に残っていなくて、甲子園期間中にあの選手があんなプレーしたとか、あいつがあんなことを言ったとか、そういった仲間の些細なことがすごく思い出になっています。

甲子園に出ても出なくても、野球を通じて出会う仲間はすごく大きなもので、僕と小川のように将来別の形でつながることもあります。是非野球のつながりを大事にしてほしいと思います。

今はコロナ禍で満足に野球ができないかもしれませんが、一生懸命プレーしている高校球児の姿に僕たちも勇気をもらっています。僕たちにも協力できることがあれば、できる限り協力するので是非声を掛けてもらいたいなと思います」

町田さんは現在31歳。

自身もまだまだ道の途中である。

思い描く福祉、そして野球への恩返しを胸に、これからも真っ直ぐに進み続ける。

第3章

主将、コーチとして築いた無骨なPLスピリットは「お寿司」で生き続けている

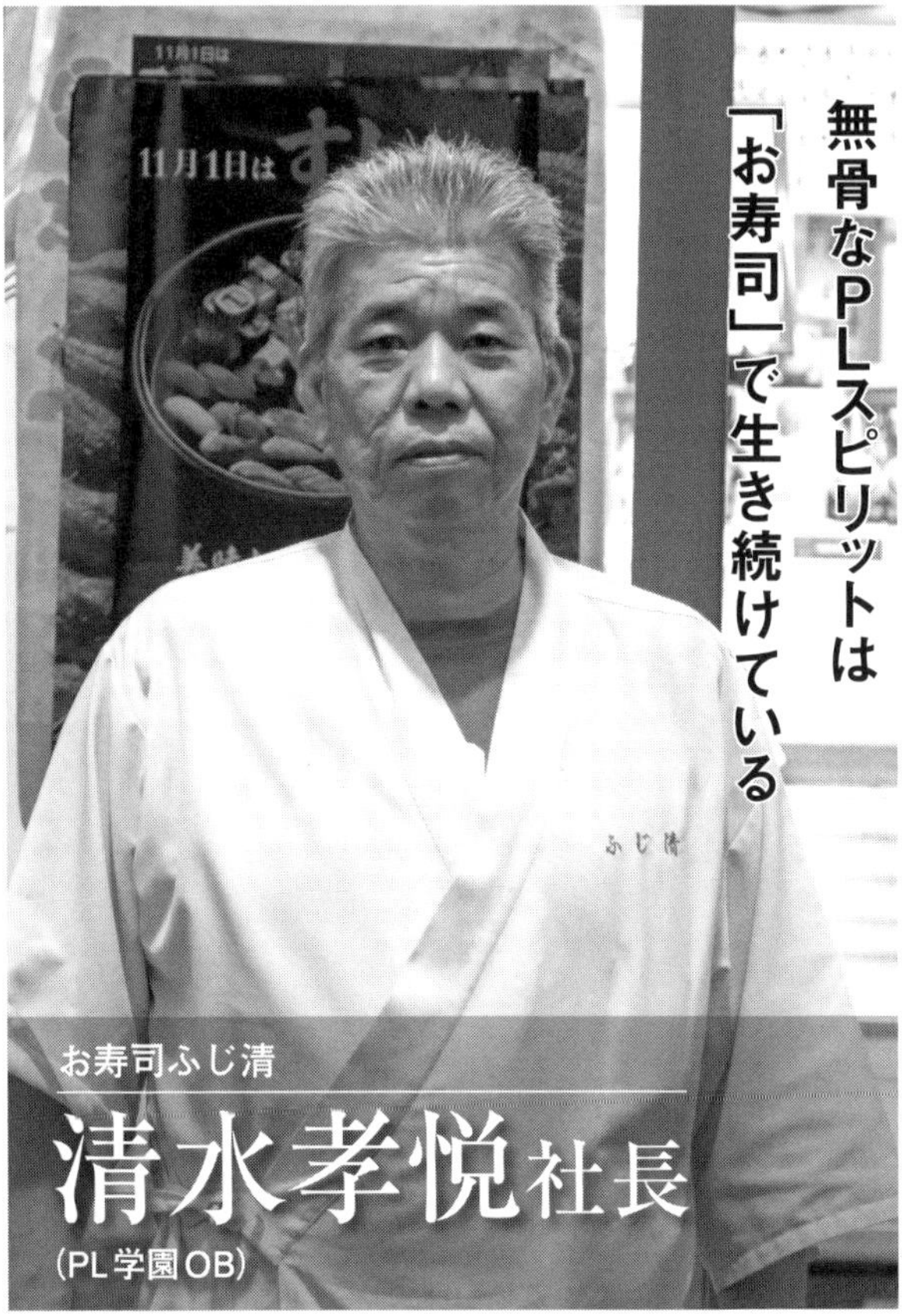

お寿司ふじ清

清水孝悦社長
（PL学園OB）

しみず・たかよし ● 1966年生まれ、大阪府出身　PL学園～同志社大
大学卒業後、父が経営するふじ清を手伝いながら、PL学園のコーチも14年間務める。コーチ時代は福留孝介選手や松井稼頭央さんや、今江敏晃さんなど数多くのプロ野球選手を送り出した。2001年にコーチを退任し、以降はふじ清の経営に専念する。

大阪・藤井寺駅から徒歩3分。藤井寺一番街商店街のアーケード内に、かつて甲子園を沸かせた豪傑たちから、こよなく愛される寿司店がある。

店名は「ふじ清」。

テイクアウトが中心だがカウンター席も少数あり、店内は地元民や常連客で賑わっている。

この老舗を経営するのが、清水孝悦さんだ。

清水さんは栄華を誇ったＰＬ学園野球部の出身で、3年時には主将として春夏連続で甲子園準優勝を経験。大学卒業後もコーチとして14年間グラウンドに立った。

松井稼頭央さん（埼玉西武二軍監督）に福留孝介選手（中日ドラゴンズ）、平石洋介さんや今江敏晃さん（東北楽天コーチ）と、プロに送った教え子は数多く、オフシーズンには現在でも多くのＯＢが清水さんのもとを訪れる。

今回はそんな清水さんに、経営者の視点からＰ

L学園での3年間を振り返っていただいた。熾烈なレギュラー競争にひりつくような寮生活、そして主将として2度の甲子園準優勝に導いた経験は、経営者である現在にどんな影響を与えているのだろうか。

小学校4年から「決められていた」PL学園への道

野球好きの父の影響で、物心ついた3歳頃から野球ボールを触っていた清水さんは1966年生まれ。父は野球経験こそなかったが、近鉄バファローズの合宿所の食堂で選手たちの食事を作っていたこともあり、野球界とのつながりも非常に深かったと父の姿を懐古する。清水さん自身も、小学校3年生からはリトルリーグチームに入団し、本格的に野球をスタートした。

「淡路島出身だった親父は、洲本高校に同級生がいて選抜甲子園で初出場初優勝しているんです。その中には社会人野球、当時の職業野球に行った選手もいたそうで、親父は貧乏だったしそんなこともできなかったと。『芸は身を助ける』と、僕には絶対野球をやらせようと思っていたみたいですね。

それはもう厳しくてね。僕にはどうしても甲子園に行ってほしいと思っていたみたいです。ホンマに星一徹みたいな親父でした」

その後、父は寿司屋を開店したが、お店には野球関係者も多く足を運んだ。そのうちの一人が、ＰＬ学園野球部の初代監督であり、当時スカウトを務めていた井元俊秀氏である。このつながりが、のちに清水さんを「ＰＬ学園の主将」へと導いていくのだが、実は清水さんにはもともとＰＬ学園への憧れなどは一切なく、むしろ行きたくないと思っていた。

厳しい練習や寮生活は、中学生だった清水さんの耳にも入っており、また中学時代の友人と離れることも不安だった。遊びたい年頃でもあった清水さんにとって、ＰＬ学園入学は避けたい道であったが、「僕に選択肢はなかった」と笑って振り返る。

「もう親父と井元先生の間で決まっていましたね。僕が小学校４年の時からすでに。覚えているのが、リトルリーグの練習が終わって帰ってきた時に、お店にＰＬ学園の井元先生と教祖様がいらっしゃっていたことです。ユニフォームで帰ってきた僕に教祖様が、『野球やってるんか、ならウチに来なさい』と言いました。それがすべての始まりでしたね」

先輩投手が喜ぶことを考えてつかんだ正捕手の座

それでも、いざＰＬ学園に入部すると「僕の性格上、負けたくなかった」と、熾烈なＰ

L学園の文化にどっぷりと浸かっていった清水さん。練習だけでなく、準備や雑務、先輩たちの身の回りのお世話など、1年生には多くの仕事が与えられており、日々の生活でいっぱいいっぱいの状態。環境のすべてがこれまでとは違い、清水さんは当時を「息をしているだけだった」と振り返る。

また選手としても、厳しい立場でのスタートだった。キャッチャーだった清水さんの入学時の立ち位置は「学年で3番目の捕手」。全国大会での実績も豊富な選手が入学する中で、決して目立つ存在ではなかった。

「やっぱりPL学園には、良い選手が入ってきました。僕はポジションがキャッチャーでしたが、中学時代に全日本の代表など経験したことはなく、地区の1回戦、2回戦ボーイですよ。僕は3番手のキャッチャーとして入学したわけですが、絶対に負けへん、最後はレギュラーを獲るんやという気持ちがあるだけでした」

しかし、PL学園で活躍するのは「上手い選手」ではなく、「気持ちの強い選手」。甲子園で堂々とプレーするPL学園の選手たちを見れば、自信に満ちあふれたエリートばかりが集うチームにも思えるが、清水さんは「入学する選手のほとんどは、自分が下手くそだと思っている」と語り、そして自らを「下手くそ」と思い続けることに、PL学園の強さの秘密があると説明する。

「1学年で20人前後が入りますが、大半の選手は自分で上手いと思っていません。だから、

ＰＬ学園は強かったのだと思います。下手くそな気持ちが強ければ強いほど、たくさん練習するので他には負けないんです。

野球のグラウンドを離れても、生活から何からすべて野球に通じるように心掛けろと教えられます。例えばゴミ拾いです。ゴミが一つ落ちていたら拾う、拾ったら甲子園でヒットが打てるんじゃないかという気持ちで。徳を積むということです。

常にそういった気持ちで野球の練習をして、生活すべてを野球に置き換えて物事を進めていきなさいというのがＰＬ学園の教えでした」

清水さんはレギュラーをつかむため、エースである先輩投手から「ボールを捕ってくれ」と言われることをとにかく目指した。エースのボールを受ける数が多いキャッチャーほど、最終的にレギュラーに近づくと思ったためだ。

「下手くそ」であることを、誰よりも自覚していたと語る清水さん。一瞬の油断もすることなく、先輩のボールを一球一球丁寧に捕球することを心掛け、とにかく先輩に喜んでもらうことに努めたという。

すると清水さんの丁寧なキャッチングは、少しずつ先輩投手からも一目置かれるようになり、先輩投手からピッチング練習の相手を頼まれることが多くなる。

「清水は丁寧やからええねん」

先輩から掛けられるこの言葉がとにかく嬉しく、新チームでは捕手のレギュラーも獲得し、主将にも指名される。高校時代の経験から、清水さんは相手が喜ぶことを考える姿勢が何よりも大事であると力説する。

「上手い子は、やっぱり心のどこかに油断があるんですよ。横着してプレーが雑になる。それに対して下手な子は、必死だから先輩に喜んでもらおうと一生懸命になるし、相手のことを常に考えています。

僕も『自分』というものをなくして、先輩が喜ぶことは何だろうとずっと考えていました。のちにPL学園のコーチもしましたが、やっぱり上手くても『自分は下手や』と思ってやることが大事だと思います。福留なんかは、まさにそうでしたよ」

選手が自ら成長できる環境を考え、春夏連続で甲子園準優勝

また、清水さんの高校時代を語る上で欠かせないのが、1984年に主将として2度の甲子園準優勝を経験したことだ。清水さんは、チームの士気を何よりも大切にリーダーシップを取り続けて、高い熱量を帯びた常勝軍団を引っ張ってきた。

「僕が高校2年生の時、夏の甲子園でPL学園は甲子園で優勝を飾り、その時に桑田(真澄)と清原(和博)が1年生ながら活躍したこともあって、周りからは勝って当たり前と

いった空気がありました。でも実際に戦っている僕らは、全然勝って当たり前ではなく必死でしたよ。

相手に勝つことよりも、まずチーム内の競争に勝たないといけません。常にチームの中では競争が行われていて、どのように技術を磨くか、いかにしてポジションを奪うかだけを、選手たちは目をギラつかせながら考えていました。そんな環境の中にいたからこそ、試合でも自ずと結果が出たんだと思っています」

特に清水さんが意識したのは、選手が自ら成長できる環境だ。

選手が高いモチベーションを持って練習に取り組めるよう、選手の行動やプレーに対して頭ごなしに叱ることは決してしなかった。選手たちが前向きに練習に取り組めるよう、清水さんは「見守る」ことを心掛けてきたと振り返る。

「チーム内での戦いを見守るのがキャプテンです。選手たちがやっていることに対して、何をやってるんやと（頭ごなしに）言ったら、後輩たちは付いてきません。選手の一人ひとりを生かすも殺すも、キャプテンの腕次第だと考えていました」

結果として、清水さんが主将を務めたチームは、春夏連続で甲子園準優勝と大きな成果を残した。優勝を逃した結果には、「勝ちたい気持ちが足りなかった」と悔しさを口にするも、その実績は誰もが認めるところだ。

そしてＰＬ学園の主将を務めた経験は、経営者となった現在にも大きく活かされていると胸を張る。

「お店の経営者は、キャプテンと一緒です。お客様に対してどのように感じてもらえるか、また社員に対して時には厳しく接する必要もありますが、そんな時にキャプテンを務めた経験が大きく活きてるなと感じます。

キャプテンは目配り気配りが大事ですが、今の仕事でもお客様に対して目配り気配りをして、お寿司のことをどのように思ってもらえるか考えます。また、ただ人に言うだけがキャプテンではありません。自分自身がどう見られているか気をつけながら、誰よりも最後まで諦めずに戦うことを意識していましたね」

試合前に「どついてください」と言ってきた印象深い教え子

卒業後は同志社大を経て、父が切り盛りしていたふじ清を手伝いながら、PL学園のコーチも14年間務めた。

コーチとしては、松井稼頭央さんや福留孝介選手など、多くの名選手をプロ野球界に送り出し、その厳しさからPL学園の名物コーチとして現在も語り継がれている。

練習の中で、よく選手たちに掛けた言葉は「気持ちで負けるな」。綺麗にプレーしようとしたり、練習で自分に嘘をついたりすると決して結果は出ない。泥臭く、自分の姿をさらけ出して、闘争心を前面に出してプレーしてこそ大舞台で結果が出せる。これが清水さんの考えだ。

これまで指導してきた中で、最も印象に残っている選手として、清水さんはある一人の教え子のエピソードを紹介した。

「福留孝介と同い年に、江崎令というセンターを守る選手がいたのですが、夏の甲子園に出場した時に、試合前のシートノックが終わると江崎がベンチに戻る僕の後ろを追いかけてきました。

なんやと聞いたら、『緊張してどうしようもないです。だから僕をどついてください』と言ってきたんですよ。それで僕は『よっしゃー』と言ってベンチでどつき、よしこれで行ってこいと。

そしたら第1打席目、彼は左バッターですがショートの後方にどん詰まりのポテンヒットを打ったんですよ。もう僕はスタンドでガッツポーズですよ。一人だけすごい声でガッツポーズするもんだから、周りのスタンドの人は清水コーチは何をしとんやと思ったはずです」

実はこのエピソードには伏線があった。清水社長が同志社大学時代、2学年下の後輩にのちに「ミスターアマ野球」と呼ばれ、日本生命硬式野球部の監督も務めた杉浦正則さんがいた。杉浦さんは、選手としてもオリンピックに3度出場するなどレベルの高いピッチャーだったが、大学時代に清水さんのもとへ来て「どついてほしい」と直訴したことがあった。

「僕は大学でもキャプテンをしていましたが、その時に杉浦はまだ2年生です。ある試合に先発して、初回にいきなり僕のところへ『どついてください』と言ってきたんですよ。なぜかと聞いたら、緊張してどうしようもないですと言い、それで僕はどついたのですが、そのエピソードをPL学園でも選手たちに話していました。

オリンピックに3回も出たピッチャーが、緊張して俺にどついてくれと言ってきた。そんな選手でも、泥臭く野球をやってたんやぞと言っていましたが、甲子園の舞台で同じように僕のもとへ来てくれて、結果を出したことが僕は嬉しかったですね」

清水さんの教えを体現したようなエピソードであるが、当時のPL学園は高校野球界の王者としての気高さを持っていた一方で、気持ちを前面に出す泥臭さも持ち合わせていた。

これこそが、PL学園が全国屈指の強豪校であり続けた所以なのだ。

チームの不祥事を機にコーチを退任。人生の中でも一番苦しい時期

そんな清水さんが、ＰＬ学園のコーチを退任したのは２００１年のことだった。夏の大会直前、チームの不祥事により活動停止処分を受け、選手権大阪大会に出場することができずに3年生は引退。清水さんも責任を取る形で部を去り、14年間のコーチ生活にピリオドを打った。

当時のチームは、東北楽天ゴールデンイーグルスなどで活躍した今江敏晃さんや、元阪神タイガースの桜井広大さんなど、のちにプロ入りする選手が4名も在籍しており、全国での上位進出が期待されていたチームだった。

だが戦わずしてチームは終戦となり、監督、部長も1年間の謹慎。清水さんも断腸の思いの中で現場を離れて、ふじ清の経営に専念することを決断する。

「人生の中でも一番苦しい時期でした。監督、部長が謹慎になったことで、僕もそのまま身を引きました。当時はただただショックでしたね」

以降、ＰＬ学園の勢力は次第に弱まっていき、府内のライバル校である大阪桐蔭の後塵を拝するようになっていく。活動の規模も縮小するようになり、２０１６年の夏をもって

休部することとなった。現在の状況に清水さんは、「やっぱり寂しいですね。学校はあるのに野球部はないので」と率直な思いを口にする。

選手として、コーチとして、PL学園野球部の歴史に大きく名を刻んだ清水さん。後悔の念だけを残して、高校野球の指導の現場から離れていった。

社員との信頼関係は「見守る」ことで築いていく

PL学園のコーチを退任した後は、父から店を継ぎ、経営者となって現在まで辣腕を振るっている。コーチ時代と同様に、情熱を持ってお店に立っていた清水さんであるが、それでもはじめは苦労も多かった。

社員が伸び悩むこともあり、順調に成長していると思ってもすぐに独立を考えるケースが続き、清水さんは社員との価値観の違いに非常に戸惑ったという。

だが、そんな清水さんの苦悩を乗り越えるヒントは高校野球にあった。

捕手として先輩が喜ぶことを必死で考えた時のように、スタッフに対しても、どんな声掛けが心に響くのか考えるようにしたのだ。

社員が間違いをしてしまった時でも、その場で一つひとつ指摘するのではなく、タイミングを見て後で声を掛ける。

主将として後輩たちを指導していた時と同様に、「見守る」ことも徹底したことで、社員は集中力を保ったまま仕事に打ち込むことができ、また信頼関係も構築されていったと清水さんは語る。

「見守るということは、タイミングを見ることです。キャプテンをしていたことで、アドバイスするタイミング、叱るタイミング、褒めるタイミングが自然と理解できるようになったのだと思います。見守るということにもつながってきますよね。それはお店であろうが、企業であろうが大事なことです。そうじゃないと下の人間は付いてこないと思います。

社員と接する中で意識してきたことは、ここでも私からはあれこれ言わずにやり

やすいようなやり方でやってもらうことです。それを逐一言っていたら、手が止まってしまうじゃないですか。

また手を止めることは、お客様を見るタイミングを逃すこと、もっといえばお客様を逃すことにもつながります。すべてにおいてタイミングですよね」

また信頼関係が構築できたことで、清水さんの考え方も徐々に社員に浸透していった。

かつての飲食業界は「丁稚」という徒弟制度があり、多くは住み込みで食事や日用品は支給されたが、給与は支払われないか、支払われたとしてもごくわずかなものだった。

だが、現代では雇用制度が確立したことで、技術を覚えながら給料を受け取ることができるようになった。

そこに甘えて独立だけを目的にするのではなく、まずは「学びながら働ける」ことに感謝を感じ、甘えることなく技術を磨いてこそ本当の成長ができる。これが清水さんの考え方だ。

「どんどん成長しようと思ってやってるか、良いところだけを学んだからとりあえず独立しようと思うか。分かれ目はそこですよね。仮に独立しても、人を雇うようになった時に自分の振るまいがどうだったのか、初めてわかると思います。独立していった元社員たちも、やっぱりみんな言ってますよ。ちょっと覚えたらすぐやめますわって。

お客様とお店に対して、常日頃から感謝を持ってちゃんと自分を磨いていたら、必ず自分に返ってきます。ピンチの後にはチャンスがやってくる野球と同じで、商売でも手を抜いたり感謝を忘れたりしてはいけません」

こうした考え方を社員にも説いたことで、以降に独立した社員の多くは、清水さんも認める腕前で巣立っていった。そして、現在でも清水さんのもとへ挨拶に訪れる元社員は多いそうで、これもまた誇りの一つだ。

嘘をつかない高校野球にしてほしい

独立した元社員だけでなく、ＰＬ学園の教え子もまた清水さんのもとへ挨拶に訪れる。中には「家族以外では真っ先に相談する方」と全幅の信頼を寄せる者もおり、ふじ清に訪れた教え子はみな決まって山菜巻きを持って帰っていく。

コーチ時代には厳しい指導が代名詞であったが、それでも多くのＯＢは「あの厳しい指導のおかげで今がある」と感謝の言葉を並べるという。

「あの頃は厳しかったけど、今に活きています、何を言われても耐えられますとみんな言ってくれるんですよ。どんな仕事でも厳しいと思いますが、清水さんに言われたことが活きていますと言ってくれるのが、僕は一番嬉しいですよね」

経営者としてのやりがいもまったく同様だ。

お客様から掛けられる「ごちそうさまでした、美味しかったです」、「いつもありがとうございます。また来ます」の言葉が何より嬉しいと言い、人から感謝されることこそが仕事の本質であると笑顔で語る。

主将としてコーチとしてPL学園の栄光を築き、そして経営者としても活躍する清水さん。最後に高校球児へのメッセージをお願いすると、「常日頃から嘘をつかないこと」、「高校野球に恥をかかせないこと」と元指導者らしい熱い一言をいただいた。

「練習する時って嘘をつきたくなるじゃないですか。10回やらないといけないところを8回で終わって、10回やりましたと嘘をつくとか。でもそこで12回やるとか、そういった高校野球を過ごしてほしいですね。最後までやりきることが、将来につながってくると思います。高校野球に恥をかかせるような人間にならないように、自分に負けそうになったら高校野球を思い出して頑張ってほしいです。高校野球やってよかったなと思えるように。

確かに、僕は厳しい指導者だったかもしれません。でも銀行マンであろうとサラリーマンであろうと、商売はもっと厳しいですから。だからこそ自分に嘘をつかない、高校野球に嘘をつかないことを常々意識してほしいと思いますね」

ＰＬ学園野球部は、２０１６年の夏の選手権大阪府大会をもって休部することになったが、決して魂までが消えてしまったわけではない。

前田健太投手（ミネソタ・ツインズ）や福留孝介選手、中川圭太選手（オリックス・バファローズ）に小窪哲也選手（千葉ロッテマリーンズ）など現役プロ野球選手は4名おり、PL学園出身の指導者も全国に点在している。

また桑田真澄さん（元読売ジャイアンツなど）や宮本慎也さん（元東京ヤクルトスワローズ）といった元プロ野球選手も、積極的な活動により球界を盛り上げ、最近では片岡篤史さん（元日本ハムファイターズ）のようにYouTubeチャンネルを開設してPL学園の歴史を積極的に発信するOBもいる。

そして、清水さんもまた「お寿司を握る」という形で、これからもPL学園の武骨なスピリットを後世に伝え続けるだろう。

第4章

ビジネスマンとしての基盤を作った早稲田実業の「自立」の精神

東京ガスケミカル株式会社

阿久根謙司常務

（早稲田実業OB）

あくね・けんじ ● 1961年生まれ、埼玉県出身　早稲田実業～早稲田大
大学卒業後、東京ガスに入社して硬式野球部で7年間選手としてプレー。4年間コーチを務めた後、1997年8月に監督に就任。翌年8月に退任して社業に専念する。2011年2月、FC東京を運営する東京フットボールクラブ株式会社代表取締役社長に就任し、J2に降格したチームを立て直す。2015年より東京ガスに帰籍し、2019年4月からは東京ガスケミカル常務執行役員を務めている。

早稲田実業の和泉実監督、桐光学園の野呂雅之監督という高校球界を代表する名将と同じ高校時代を過ごしたのが、東京ガスケミカル株式会社の阿久根謙司常務だ。

阿久根さんは、早稲田実業、早稲田大、東京ガスと俊足の外野手として野球を続け、その後社業に専念したのちも、プロサッカークラブのFC東京で社長を4年間務めるなど、ビジネスマンとしても実績を残して、現在もグループ会社の東京ガスケミカル株式会社で辣腕を振るっている。

そんな阿久根さんは言う。

ビジネスマンとしての土台を築いたのは、早稲田実業野球部での3年間であると。

阿久根さんの高校野球、ビジネスマンとしての活躍を語る上でキーワードとなるのは「自立」だ。その背景や核心、そして現役の高校球児へ伝えたい思いに迫っていく。

王貞治さんに憧れて早稲田実業を志す

埼玉県所沢市出身、1961年生まれの阿久根さん。

その頃は、子どもは野球をやるのが当たり前の時代。小学校1年生から野球チームに入団する友人も多い中で、阿久根さんがチームに入団したのは4年生と、当時としては少し遅めだった。

「それまで何をしていたかというと、日曜日になるとよく友だちと公園で遊んでいて、遊びに行く前には親父が100円をくれるんですよ。文房具屋兼おもちゃ屋みたいなお店が学校の前にあって、その100円をいかにして上手く使うかワクワクしながら考えていました。お菓子やアイスを買ったり、時にはお店のおじちゃんがおまけをしてくれたり、そしてそれを秘密基地で食べたり、いろんなことをして遊びましたね」

その後、友人に誘われたことがきっかけで、小学校4年時から所沢リトルで野球を始めた阿久根さんだが、かといって生活が野球一筋だったわけでもない。

父親との約束で毎朝6時にランニングを行っていたが、途中でサボって近くの焼却炉にガラクタを探しに行くこともしばしば。学校では、お楽しみ会（学芸会）での演劇のシナリオ作りや、プロデューサー役として友だちと日々楽しんでいた。

「ポジションは外野で、センターを守っていました。上手な子はピッチャーやキャッチャー、内野手などに指名されましたが、下手だから外野に回されたのだと思います。外野でも最初はよく〝バンザイ〟していました。

でも野球が嫌だと思ったことはまったくなく、早稲田実業は王貞治さんが出た高校だということは知っていて、そんな場所で野球がやりたいといった気持ちは強くありました。当時は巨人のＶ９の時代で、もう憧れですよね。後楽園球場にもたまに連れて行ってもらいましたが、行くたびにワクワクでした。

早稲田実業に入るためには厳しい受験もありますが、勉強の方はそこそこ点数が取れていました。でも、ちゃんと塾に行って受験勉強をしている人も多くいる中で、今思えばそれでよく合格できたなと思っています」

無事に早稲田実業中等部に合格し、在学時は学校の軟式野球部と硬式野球チームの所沢シニアを掛け持ちして野球に打ち込んだ。

テレビ画面の中の甲子園で躍動する、早稲田実業のユニフォームに大きな憧れを抱いて、毎日夢中で白球を追いかけた。

「教えない教え」の中で野球に打ち込んだ高校時代

内部進学で早稲田実業高等部に進み、野球部にも入部した阿久根さんだったが、1977年（昭和52年）当時のチームは歴代でも非常に力をつけていた時期だった。

阿久根さんが中学2年時の1976年に、早稲田実業は12年ぶりに甲子園に出場し、高校入学直前である1977年の選抜大会からは4季（春夏）連続で甲子園に出場。また1学年上には、のちに中日ドラゴンズで活躍する川又米利氏がおり、阿久根さん自身も2年生の春夏と2季連続で甲子園の土を踏んだ。

「2学年上の先輩方は春夏と甲子園でベスト8に進出されて、本当に強い世代でした。1学年上の川又さんは本当によく練習されるすごいバッターで、その後甲子園に出られなかった私たちは、自分たちを「谷間の世代」と勝手に呼んでいました。同期には和泉実や野呂雅之がいて、のちに指導者として素晴らしい実績を残していますが、学年としては谷間だったんです」

当時の早稲田実業は、なぜそれほど強かったのか。阿久根さんは、恩師である和田明監督の指導方法に触れながら強さの秘密を明かす。

「教え子のみんなは、和田監督の指導を『教えない教え』と呼んでいました。打撃に関しても『スーッ、ターンと打て』としか言いませんでした。今考えてみると、『スーッ』で力を溜め込んでボールを呼び込み、『ターン』でしっかりボールを前で捉える、ということと理解しています。

野球を左脳の「言葉」で教えるより、長嶋茂雄さんと同じ右脳（イメージや音）的な指導であったためわかりやすかったです。しかも、監督自身が実際にバッティング練習でゲージに入り、「スーッ、ターン」と柵越えを連発していました。

それ以外の細かい技術指導はなく、つまり「教えない教え」とは、自分で考えさせていたということだと思います」

当時の早稲田実業は学校からグラウンドまで距離があり、グラウンドにも照明が一部しかなく、暗くなると練習を行うことができなかった。特に冬は、練習開始から30分ほどでグラウンドは暗くなり、以降は各自で自主練習を行うことになる。

決して恵まれた環境ではなかったが、環境が整っていなかったからこそ、選手は自分で考えて様々な自主練習に取り組んだ。和田監督は多くは教えず、選手一人ひとりが考えて動くことを求めていたのだ。

阿久根さんも、そうした早稲田実業の環境の中で持ち味の守備力をさらに磨き、高校2年春夏と控え選手ながら甲子園に出場。3年時はレギュラーをつかむことができた。

「私は守備範囲が広いと言われていましたが、そうなれたのは早稲田実業の野球の中で、自分で考えながら練習したからだと思っています。

当時、チームでも特にすごい打球を打っていた川又さんが打撃練習をする時に、私はよく守備についていていました。

外野への大きなフライに対して、いかに早く打球から目を切り、落下地点まで最速で入るか。これをいつも意識しながら、川又さんの大飛球をたくさん捕球することで、守備がうまくなったのです。

昔の高校野球は『やらされる練習』が主流でしたが、やっぱり大事なのは『自立』だと思います。現在の早稲田実の和泉監督も、『選手が勝手に育つのを、少し後ろで見て支えてあげるだけ』と言っていました。だから、選手が育つのだと思います」

「自立」を促す指導方針は、その後の阿久根さんの人生に大きな影響を与えるものとなっていく。

「正しい査定」により1年で監督を解任に

高校卒業後、早稲田大、東京ガスと野球を続け、その後指導者を経て社業に専念することになる阿久根さん。だがビジネスマンとしてのエピソードの前に、「自立」への思いをより強くさせる出来事について触れておきたい。

東京ガスに入社後、7年間選手としてプレーし、その後4年間コーチを務めた阿久根さんは、1997年に1年間だけ監督も務めた。

「実は1年で監督をやめることになりました。おそらくそんなことは東京ガスの野球部が始まって以来、そしてこれからも私だけだと思います。

監督として2年目を迎える時に、『教えるティーチングはやめて、自主性を重んじたコーチングをしようと思う』とコーチに相談したところ、そのコーチからは『それはできない』と言われました。

当時の私はコーチングの勉強を始めたばかりで、コーチに納得してもらえるような話もできず、コーチからは『選手たちはみんな監督に付いてきているじゃないですか。なんで方針を変えるのですか』ともっともなことを言われて、コーチング導入についての話し合いが2~3週間続きました。

結局、私とコーチの意見がぶつかる形となり、野球部長が間に入ってヒアリングが行われた結果、私ではチームをまとめ切れないので監督交代という『正しい査定』が下りました。こうして私は監督を1年でやめることになります」

「正しい査定」と口にするように、阿久根さんはこの出来事を真摯に受け止め、コーチにも選手にも迷惑を掛けたと頭を下げた。と同時に、今後は部下に「自立」を促すようなコーチングを、覚悟と信念を持って取り組むと心に決めた。

阿久根さんが行いたかったコーチング、それは早稲田実業時代に自らも取り組んだ、選手に「自立」を促す指導だ。ポイントは次の3点。
・相手の話を傾聴する
・共感する
・否定せず最後まで聴く
こうした取り組みを行うことで、阿久根さんは選手が自ら考えるチームを作りたいと考えていたのだが、その思いは叶わなかった。

しかし、人間万事塞翁が馬。

この思いは野球指導の現場で実現することはなかったが、ビジネスマンとして大きく花開くことになる。

傾聴、共感、否定せず最後まで聴く。業務改善で社内でも存在感

社業に専念後、阿久根さんは思い描いていた「自立」を促すコーチングに磨きをかけ、

ビジネスマンとして社内で実績を残しはじめる。

阿久根さんはある社員の、ユニークなエピソードを紹介した。

外出先では無事故なのに、ある社員が帰社後の車庫入れ時に、車の後ろや横をこすってしまうミスがなくならないという事象があった。現場の安全運転責任者に原因を聞いても、「外で緊張できているのに、帰社して気が抜けてたるんでいるんだよ」と言うだけで、当事者に車をぶつけた理由を聞いても「左後方確認不足で……」と口にする。

本来であれば、そこで終わってしまうところだが、阿久根さんはもう一歩踏み込んで、「そういうことってありますよね。ではなぜ、左後方が確認不足だったんでしょうか？」と、運転手のミスは仕方のないことだと認めた上で質問を重ねた。

するとその社員は、渋々口を開き、

「『朝、奥さんと喧嘩をしてきたんです』と言うんですよ。では、どんな理由で喧嘩したのか尋ねると、犬の散歩の際に糞をすると公園のトイレで流すそうなのですが、それを聞いた奥さんは『うちの子の糞だから、公園に捨てず家に持って帰ってきなさい』と。それで喧嘩をしているそうなんです」

夫婦喧嘩が原因で、運転中の集中力を欠いていたその社員に、阿久根さんはさらに質問をした。

「では、どうすれば集中力を欠くことなく、車の左後方をぶつけずに済みますか？」

するとその社員は、ハッとしたように答えた。

「犬の糞を家に持って帰って、捨てればいいです」

「次の日から、その社員は左後方をぶつけることなく駐車ができました。なぜできたのか聞いてみると、やはり犬の糞を家で捨てたからだそうです。

しかも、家で捨てたことに奥さんが感激して『ありがとう』と言われただけでなく、何十年もなかった出勤時の玄関先での見送りまでしてくれて、『あなた、行ってらっしゃい、気をつけて』と言ってくれたそうです。その日はものすごく気分が良くて、運転に集中できましたと。

結局、なぜミスが減ったかというと、ミスしたことを私が認めたからです。夫婦喧嘩の中身なんて、普通人には言ってくれないはずです。

『そういうこともありますよね』と私がミスを認めることで、嘘の原因究明ではなく、本当の原因究明から、再発防止策につながったのです」

傾聴、共感、否定せず最後まで聴く。

先述の3つのポイントが、現場で実践されていることを如実に示すエピソードだ。

相手の気持ちに寄り添い、ミスや弱点、本当の問題がどこにあるのかを気づかせることで、多くの業務改善に成功した阿久根さん。2002年にR&D企画部に異動し、2008年からは導管企画部のグループマネージャーを任せられるなど、社内でも存在感を見せていた。

そして2011年12月、そんな阿久根さんに思いもよらぬ転機が訪れる。

再建を託されてFC東京の社長に。風土を一新した「自立」の精神

2010年12月6日、阿久根さんのもとに突然辞令が出された。

なんとプロサッカークラブであるFC東京を運営する、東京フットボールクラブ株式会社の社長を命じられたのだ。実は辞令が出される2日前の12月4日、FC東京は最終節で京都サンガに敗戦しJ2降格が決まったばかりだった。

チーム再建の重責を任されただけでなく、畑違いのサッカークラブの経営。しかも、当時のFC東京には日本代表選手が2人在籍しており、メンバーは決して悪くなかっただけに早期のJ1復帰は至上命令。大きなプレッシャーの中での舵取りを任された。

「降格したプロサッカークラブの立て直しに、コーチングが通用するだろうか」

一瞬そんな考えも頭をよぎったが、それでも阿久根さんはここでもブレることなく、早稲田実業野球部で培った自立を促すコーチングを実践することに決めた。

社長に就任して最初に、阿久根さんは選手に対してミーティングをやらせてほしいと監

督にお願いした。J2降格直後で、ショックを引きずっている選手たち。だが阿久根さんは、開口一番に意外な質問を投げかけることで、選手たちの興味を引いたのだ。

「『みなさんが思い描く理想のキャプテンシー、キャプテン像ってどんなものですか』と質問しました。選手たちははじめ呆気にとられていましたが、次第にいろんな答えが出てきます。それをホワイトボードに書いていったんです。

常に力強くチームを叱咤激励する田中マルクス闘莉王氏や、かつてブラジル代表のキャプテンとして活躍したドゥンガ氏、日本代表チームでは長谷部誠選手。中には漫画・ワンピースの主人公であるルフィと答える選手もいました。『何言ってんだ。漫画じゃないか』と否定する選手もいましたが、どんな答えが出ても私は絶対否定することはありません。『待ってください。漫画だって社会問題が投影されていて、的を射ていることもあると思うんですよ。ところで一体ルフィさんのキャプテンシーってどんなものなんですか？』と聞くと、その選手は『矢面に立つ、です』と答えました。私は『素晴らしいキャプテンシーですね』と否定せず共感しました」

一通り、答えが出揃うと阿久根さんは口を開いた。

「みんなバラバラですね。でももしかすると、これはそれぞれ自分がなりたいキャプテン像なのではないでしょうか。みんなが自分の理想とするキャプテンのように自立すれば、絶対に意識や行動が変わり、FC東京は間違いなく強いチームになると思います。そのためのサポートはしっかりしますので、これからよろしくお願いします」

このミーティングを通して阿久根さんは、新しい社長は一人ひとりの考えを認め、否定をしないということを理解してもらえて、チームに士気を取り戻すことができたと振り返る。

その後も選手と個別に話し合う中で、諦めの早さや人任せのチーム気質を感じ、改めて選手の「自立」を目指したコーチングを行うことを決意した。

阿久根さんは、2011年J2リーグの開幕までに「自立」に向けたいくつもの布石を打つ。まずは、自主性に定評のある東芝ラグビー部の練習に選手と足を運び、実際に模範となる組織の在り方を目に焼きつけさせた。

ホイッスルが鳴ってプレーが止まる約15秒の間に、選手たちが自発的にコミュニケーションを取り、次の組み立てについて自分たちで考える。これが当時の薫田真広監督の指導で、実際のゲーム形式の練習においても、プレーがひと段落すると3人、4人の塊があちこちにでき、全員が話しながらセンターラインまで戻っている。

チーム全員での話し合いの場に監督はおらず、高台の上で俯瞰してその姿を見ているのみ。グラウンドに立つ選手だけで、作戦や空気感を作り上げていた。

「絶対に勉強になると思って、練習を見に行かせていただきました。その後FC東京の選手全員にレポートを書いてもらうと、『俺たちに足りないのはこれだ。選手同士のコミュニケーションがなかったことが降格につながった』とあり、大事なことを感じ取ってくれたなと思いました」

また、変えたのは選手だけではない。選手たちをサポートする、スタッフの業務や意識も改革していった。

「スタッフの部長クラスに『このクラブの課題を挙げてください。答えつきで』とお願いしたところ、『会議の在り方を変えるべき』という意見がありました。これまでの会議は、Aさんが社長に提案すると、それに対して社長から10分ぐらい意見と結論が伝えられ、次にBさんが提案するとそれに対して10分社長からの話、といった具合に、順番に社長の指示を受けるだけだったそうです。

そこで、みんなで話し合って会議にルールを決めました。各部長には3日前までに議題の内容を読み込んで準備してもらい、会議では議論だけを行うというものです。

それまでは議論をした経験がなかったので、はじめは稚拙な意見や的外れな意見も出ます。いたずらに長い会議となり、7時間を費やすことになりました。

しかし数を重ねるにつれて、だんだん中身のある議論ができるようになります。話が集約されて会議の時間が短くなったと思われる方も多いかもしれませんが、その逆です。

中身の濃い意見が全員から出るようになり、なんと会議は8時間もかかるようになりましたが、内容は従来よりもはるかに良いものとなりました。それぞれが自立して、やらされずに議論できるようになった証です」

「パスをつなぎ倒させてください」。下位低迷からの快進撃

こうして、選手とスタッフの「自立」に向けたいくつもの布石を打ち、迎えたリーグ戦だったが、いざ開幕するとこれまでの良い雰囲気とは裏腹にまったく勝てない。

序盤は7戦のうち2勝しかできず、順位も13位と低迷。5月のアウェイでのゲームでは、決して能力が高いとはいえない相手チームに1対2と敗戦。スタジアムではファンやサポ

ーターから、ブーイングではなく「罵声」が飛んだ。阿久根さんは、このままではJ1復帰は難しい、J2暮らしが長くなるかもしれないと覚悟したと振り返る。

だがそんな時、選手たちから思いもよらぬ提案が出た。

当時の大熊清監督のサッカーは、「堅守速攻」の粘り強く守ってカウンターで得点を挙げるスタイルだったが、選手から出てきた提案は、パスを回して試合の主導権を握る「パスサッカー」だった。

実は当時のFC東京には、日本代表の選手が2人もいたため、相手選手はどうしても守備偏重になる。相手に攻めさせてからボールを奪い、敵の守備が整う前に素早く逆襲して得点を挙げるという狙いは実態に即していなかった。前年まで、FC東京は城福浩監督が途中解任になるまではパスサッカーを行うチームで、そうした背景もあり選手から「パスサッカーがいい」と主体的な声が上がったのだった。

「しかも選手たちが言った言葉は、『パスサッカーをやらせてください』ではなかったんです。

今でも鳥肌が立ちます。大熊監督が私に言うんです。

『やつらなんて言ってきたと思いますか。俺たちにパスをつなぎ倒させてくださいって言ってきたんですよ、阿久根社長。私はこれがやつらの信念なのだと思いました。私の辞書にパスをつないではいけないという文字はないので、よしそれでいこうと伝えました』と。

その日から、選手たちの目の色が変わりました」

そして、そこからFC東京は破竹の快進撃を見せる。引き分けを挟んで11戦負けなし。下位に低迷していたのが嘘のように一気に1位まで駆け上がっていき、見事J2リーグ優勝。1年でJ1復帰を果たし、天皇杯でも見事初優勝を飾った。

スタグルの充実でサポーターの満足度も向上

社内の体制を整え、チームの方向性を的確に定めていく一方で、サポーターの満足度向上にも取り組んだ。

サッカー観戦の魅力の一つが、スタジアムの中や付近で販売されているグルメ、通称スタグルだ。ご当地グルメや特産品がサポーターを喜ばせ、試合の前後もスタジアムで楽しむことができるが、実はFC東京にはこのスタグルがなかったのだ。

奇しくも当時、FC東京のサポーターがアウェイのスタグルを楽しむ様子がSNSなどで広がり、スタグルを食べ尽くす「青赤イナゴ」として話題となっていた。そうした経緯から、社内では「ホームのグルメを充実させるべきでは」といった声が上がり、阿久根さんはスタグルの拡充に注力しはじめる。

そうして、2011年から味の素スタジアムの南側広場でスタートしたのが「青赤パーク」だ。ケータリングカーが集い、趣向を凝らしたフードを提供するものだ。

「スタジアムと交渉して、中の売店の売り上げが下がらなければ大丈夫だと許可をいただき、展開することができました。サポーターからは、FC東京はスタグルがなくて最悪だと言われてきたので、老舗の味やB級グルメをたくさん集めて、お膝元の調布市に工場があるホッピービバレッジの『ホッピー』も用意しました。これが非常に盛り上がることになります」

スタグルの他にも、スポンサーデーといったイベントの際には、スタッフに「前年の踏襲は禁止」と打ち出し、毎年新しいイベント企画を行うように促した。

すると、以降は毎年多彩なイベント企画が立案され、試合以外でもサポーターが盛り上がるシーンが目立つようになったという。

「前年の踏襲では、自立にならないと思ったのです。ある年には、F1の車とレースクイーンを呼んで写真を撮るイベントを開催したり、女子バスケットボール選手の渡嘉敷来夢選手を呼んだりしたこともありました。スタジアムに来た子どもたちとシュート競争で盛り上がり、見ている私たちも面白かったですね」

チームの躍進に加え、スタグルやイベントの充実も追い風となり、味の素スタジアムには以前にも増してサポーターが足を運ぶようになった。J1に復帰後も年々成績を上げていき、会社としての収益も比例するように増えていった。

「すべて自分たちで決めたことなので、緩くならないんです。それで私は、この組織は自立したなと思い社長を退任することに決めました。『社長のいらない会社』がやっぱりベストだなと思います。『究極の自立』です」

将来は自分の選んだ道で自立してほしい

東京フットボールクラブ株式会社の社長を退任した阿久根さんは、2015年に東京ガスに帰籍し、その後もライフバル推進部長や東京ガスケミカル株式会社の常務執行役員に就任するなど、活躍を続けている。

東京ガスでの部下の育成やサッカークラブの経営、それぞれの舞台において自立を促すコーチングで実績を残してきた。自らは実践することができなかった野球チームの運営においても、「必ず活かすことができるはず」と胸を張る。

阿久根さんは、元チームメイトであり、高校野球の名将でもある和泉実監督の話を引き合いに出して説明する。

「2018年に福岡ソフトバンクホークスに入団した野村大樹選手は早稲田実業時代、ツーアウトランナーなしなどサインを確認する必要のない場面でも、一球ごとに和泉監督の方を確認してから打席に入っていたそうです。

本来であれば、別に見なくもいいぞと言ってしまいそうですが、和泉監督は野村選手に何も言わなかったそうです。その理由を聞くと『それが野村だから』と言うんです。

言い換えると、サインを確認することも含めて、それが野村選手のルーティンワークだったということなんです。イチロー選手がバットを立てて、左手で右肩を触ってから構えるように、それが野村選手の個性だから潰す必要がなくて、サインがなければないと指示すればいい。そう和泉監督は言ったんです。

これですよね。選手の個性を尊重し、見守ることが本人のモチベーションにつながって、結果として自分で考えてプレーすることにもつながると思います」

最近では感染症対策の委員長としても、社員に自立を促すアプローチで対策を模索しているという阿久根さん。最後に現役の高校球児たちへのメッセージをお願いすると、サッカーの話から一転して野球人の笑顔を見せて口を開いた。

「たとえ監督の指示、命令があったとしても、やるのは自分なので、そこに自分の意思がなければただの『やらされる野球』になってしまいます。生身の人間がやることなので、いろいろなことが考えられるようになると、野球がとても面白くなります。

自分の意思がないと、やりがいにつながらないし、将来にもつながりません。野球でそうなれるチャンスがあるのに、逃しているのはもったいないなと思うので、野球を通じて、そして将来は自分の選んだ道で、是非自立することを目指してほしいなと思います」

やっぱり阿久根さんには、野球がよく似合っている。これからも早稲田実業で培った「自立」の精神で、活躍を続けるに違いない。

第5章

人気YouTubeチャンネル連発の土台は、過去に執着しない人生哲学と赤点を出さない経営理念

株式会社ケイコンテンツ

平山勝雄社長

（大阪府立高津OB）

ひらやま・かつお ● 1978年生まれ、大阪府出身　高津～神戸大学卒業後は読売テレビに入社。2005年より東京支社の製作部に異動すると、「どっちの料理ショー」を担当。さらには「秘密のケンミンSHOW」や「ダウンタウンDX」でプロデューサー・演出を任されるなど、テレビマンとして活躍した。

その後、Youtubeの盛り上がりに刺激を受け、野球チャンネル「トクサンTV」を2016年よりスタートさせる。現在はチャンネル登録者数65万人の有名チャンネルになるなど、数々の人気チャンネルを手掛ける中で動画制作に可能性を感じ、2020年に読売テレビを退社。株式会社ケイコンテンツの経営者として現在に至る。

草野球をテーマにした番組や、元プロ野球選手とのコラボ企画などが人気のYouTubeチャンネル「トクサンTV」。このチャンネルを手掛けるのは、チャンネル内では「アニキ」として活躍する株式会社ケイコンテンツ・代表取締役の平山勝雄さんだ。

２０１６年にスタートした「トクサンTV」は、野球系チャンネルでは最大規模のチャンネル登録者数65万人を誇り、その他にも平山さんは人間の闇を映し出す漫画系チャンネル「ヒューマンバグ大学 闇の漫画」、若者に人気のコメディートークチャンネル「マリマリマリー」など、人気チャンネルを次々と生み出している。

もともとは、読売テレビの番組プロデューサーを務めていた平山さん。「ダウンタウンDX」、「秘密のケンミンSHOW」など、誰もが知る全国ネット番組で演出を務めてきたが、それらすべての土台を作ったのは、高校野球での3年間であると熱く語る。
平山さんの高校野球は、一体どのようなものだったのだろうか。

スパルタ塾にも通った文武両道の中学時代

1978年生まれ、大阪府大阪市出身の平山さん。小学校の仲の良い友だちが野球をやっていたことから、自身も興味を持つようになり、3年生の時に少年野球チーム・城東パンサーズに入団する。

チームは全国大会常連の強豪で、上級生になると平山さんも内野手として活躍。当時は「愛のムチ」もまだ許される時代で、厳しい指導者のもとで練習に日々打ち込んでいたが、厳しさの中にも愛情を感じながら野球に慣れ親しんだと振り返る。

「6年生の時に、淡路島で行われた全国大会に大阪代表として出場したことが記憶に残っています。

とにかく厳しい時代で、今だったら問題になるような指導もありましたが、そこに愛情はこもっていたと感じますし、ダメだったとは思いませんね。もしあの指導がなかったとしたら、僕は今真っ直ぐに育っていないかもしれません。厳しい環境の中で野球をやらせてもらい、強く育ててもらったと今でも感じています」

中学時代は、学校の軟式野球部に所属したが、ここでは小学校時代とは対照的に決して強いチームではなかった。野球が初心者の選手も多くおり、経験豊富な平山さんは自然とチームの軸に。大会ではあまり勝てなかったと明かすが、遊撃手として守備の要を担った。

「チームの中心選手として活躍していたと思いますが、投手がよく打たれていたこともあり、チームとしてはなかなか勝つことができませんでした。高校野球では投手に挑戦するのですが、これは中学時代に『野球は投手がアカンかったら負けんねんな』と感じたことがきっかけですね」

中心選手として活躍する一方で、中学時代は勉強にも力を入れていた。文武両道を重視する両親の方針から、徹底的な指導で有名だった地元の学習塾に通い、野球と勉強の両立に励んだ。

とはいえ多感な時期でもあり、授業中にお菓子を食べたり、友人にちょっかいをかけたりするなど、中学生らしい一面もあったと振り返るが、そんな時には塾の先生からも厳しい指導が入る。平山さん曰く「正しい裁き」を受けながらも、地元の進学校を目指して勉強にも精を出した。

「進学塾に行きながら野球にも打ち込んで、両立は大変でした。でもその一方で、やっぱり野球が大好きで、やっていないと生活に張りがなかった。特に引退して受験勉強を始めた頃は、生きがいを失ったように感じていました。

高校、大学と進んでも野球を続け、今でも週末には草野球を楽しんでいますが、結局僕は本当に野球が大好きなんだと思います」

地元で一番の進学校へ入学。高校野球から学んだ「赤点を作らない意識」

学習塾に通った甲斐もあり、地元の進学校・大阪府立高津高校へと入学した平山さん。学校偏差値は70を超える、学区内では一番の進学校だった。

硬式野球部にも入部し、高校でも文武両道に励んだかと思いきや、野球中心の生活となり勉強は大きく遅れを取ったという。

「成績は悪かったのですが、僕は気にしていませんでした。生徒の自由を尊重する校風だったので、勉強もやりたい人がやればいいと強制されることはありませんでしたし。ただ授業はとても難しいですし、周りの生徒も淡々と勉強をしています。そんな中、授業中には僕はただただ寝るだけでした」

だがその一方で、野球への情熱は健在だった。高校野球からは投手に挑戦し、甲子園出場を目指して練習に取り組んだ平山さん。チームは決して強豪ではなく、また指導者は選手の自主性を重んじたため、野球技術の向上に関しては選手たちに委ねられていた。その環境が平山さんには合っていた。

自分たちの強みと弱みを踏まえながら、練習メニューを自分たちで考える毎日。練習グラウンドは他の部活動と共用だったため、危険が及ぶバッティング練習などは朝に行い、放課後は守備練習やピッチング練習を中心にメニューを組むなど、選手たちで工夫しながら取り組んだ。

「自主的な朝練は毎日行いました。授業が始まる1時間半前にグラウンドに集まり、バッティング練習や投手の僕は筋力トレーニングを行うなど、時間を有効に使って練習に取り組みました。

またメニューも選手たちで考えなくてはいけないので、様々な本を読み漁って知識を身につけましたね」

自身でメニューを考え、練習ではトライアンドエラーを繰り返す。

現代のものさしで測れば、成長のためには遠回りになる練習も多かった。一方で経営者となった現在でも通用する考え方を、当時から無意識に実践していたという。

「試合で打たれた時に、自分に足りないものは2種類あると感じました。それが力と技術です。もっと強いボールを投げる、もっと良いコースに球を投げる、その両面を鍛えていけば打たれる確率は低くなるだろうと思いました。

とはいえ、練習時間も限られているので、両方を一気に伸ばすことはできません。そこで僕は、自分の得意分野である『強いボールを投げること』に特化しつつ、必要最低限のコントロールを身につけることにしました。

どれだけ威力のあるボールを投げていても、ストライクが入らなかったら意味がありません。勉強で例えると、赤点だけは出さない考え方です」

会社経営においても同じだ。自社の強みを活かすことは大事であるが、世間が評価する最低ラインを下回る分野が一つでもあると、会社の評価そのものが大きく下がってしまう。強みを伸ばしつつ赤点を作らない意識は、高校時代から意識していた。

「何かを成し得るためには、すべての要素が必要です。しかし現実として、全部ができる会社は少ないと思います。苦手な分野でも世の中が評価する最低ラインの点数を出して、その中で強みを活かしながら勝負しなければいけないのです」

最後の夏は4回戦敗退。「後悔は1ミリもなかった」

自身を俯瞰して分析しながら練習メニューを組み、実力を伸ばした平山さん。エースとして迎えた高校3年の最後の夏は、惜しくも大阪府予選の4回戦で敗れて現役引退となったが、「後悔は1ミリもなかった」と口にする。大阪府を制覇して甲子園に出場できるような実力、戦力はなかった。それでも、与えられた環境の中でベストを尽くしたプロセスが、平山さんに達成感と満足感を与えた。

「最後は3回勝って4回戦まで行きましたが、今考えてもよくやったなと思います。チームとしての力は、大阪の強豪校と呼ばれる高校のレベルには全然達していませんでした。その中で出た結果は、持っている力以上のものでした。それぞれが自主性を持って、赤点を作らないように練習に取り組むことができたからだと思います。

私の好きな言葉は『偉業は適材適所の凡人たちが成す』ですが、各々が自分の強みを活かしながら戦えたからこそ、後悔もなかったのだと思います」

後悔なく高校野球を終えた平山さんは、その後は受験勉強に気持ちを切り替える。勉強は周りの生徒よりも遅れを取っていたが、野球に向けられていた情熱をその後は受験勉強にぶつけ、遅れていた分を一気に取り返していく。

「高校時代は一点集中の性格だった」と当時を振り返り、学年で下位だった成績はみるみる上昇。一浪こそしたが、難関国立大の神戸大学に合格した。

「勉強に力を入れられたのは、3年生になって、また負けず嫌いになっただけです。周りが優秀な学生ばかりなので、僕だけ取り残されるのも嫌じゃないですか。もう勉強することしか残ってなかったので、仕方なく勉強に集中した感じです。

それでも現役で受かるわけもなく浪人しましたが、野球に打ち込んでいた時間を削って、勉強と両立しておけばよかった、とはまったく思わないですね。何かに集中して取り組む時間は貴重だったと思いますし、僕には両立は無理だったと思います」

平山さんから話を伺う中で驚かされたのは、中学、高校時代のエピソードをほとんど覚えていないことだ。結果や楽しかった記憶は何となく残っているが、そのプロセスが抜け落ちているケースが非常に多く、そして当時の後悔はほぼない。

過去に執着せずに、目の前のことにとことん集中する。平山さんとは、そんな哲学の持ち主なのだ。

神戸大学に入学。我流で到達した最速147キロ

平山さんは、大学進学後も野球を続けた。

神戸大学硬式野球部は、奈良産業大学（現奈良学園大学）など強豪大学も所属する近畿学生野球連盟に加盟していた。チームの目標は大学野球の全国大会である「全日本大学野球選手権大会」、「明治神宮野球大会」への出場だ。

平山さんにとって幸運だったのは、ここでも「自主性」がチームの方針だったことだ。

「指導者の方はいらっしゃいましたが、技術指導はなかったです。野球がずっと大好きで、大学生になってもすぐ野球をやろうと思えたのは、自主性の中でずっと練習をやっていたからだと思います。やらされる練習だったら、野球が嫌いになっていたかもしれません。野球ってもともとはゲームや遊びであり、楽しいはずなんです。楽しいゲームの中で失敗するからこそ、悔しくて素直に受け入れられるのだと思います」

高校時代に続いて、自主性を重んじる環境の中で練習に励んだ平山さん。自身の持ち味だった威力のあるストレートをさらに磨くために、まずは体作りからスタートした。

本を読み漁って、体を大きくするためのトレーニング方法を学び、有名なトレーナーのいるジムにも通った。食事や睡眠にも気をつかい、様々な科学的なアプローチを実践して、その結果思い描いた通りに体はどんどんサイズアップ。

そして体が大きくなるにつれて、ボールにも速さや強さが増していき、大学3年生になる頃には強豪大学の投手とも遜色のないストレートを投げ込んでいた。

「近畿学生野球連盟では奈良産業大学が特に強く、毎年セレクションで選ばれた選手たちが多く入学していました。当然、高校時代から実績のある選手たちなので、作戦遂行能力や勝負どころでの執念、ミスした時の対処など、相手の方がレベルは何枚も上でした。

そんなチームを相手に勝つためには、高校時代と同じように強みを活かすことが大事だと考えたのです。

最終的に、ストレートは147キロまでいきました。3年生の春まではなかなか勝利することができませんでしたが、秋のシーズンでは6勝1敗、防御率も1点台で敢闘賞を獲得しました。リーグの代表としてオールスターにも選出されて、自主性の中での成功体験をつかむことができました」

決してエリート街道ではなかったが、自主性を重んじる環境だったからこそ、大学野球で一花咲かせることができ、また考える癖を養うことができたと平山さんは振り返る。

「僕の野球人生は、たぶん特殊だったと思います。高校、大学と技術指導をしてもらう環境ではなかったので、自分で考えるしかなかったんです。我流でたまたま140キロ後半を投げることができましたが、やらされる練習から身についたことではなく、自分が野球が大好きで上手くなりたいと思い続けて努力したことが、そこにたどり着けた理由だったと思います」

読売テレビに入社。一流タレントから感じた「プロの技」

平山さんの活躍に興味を示す社会人野球チームもあったが、就職氷河期だったこともあり、現役を引退して一般企業への就職を選択する。

現役選手としてはやりきった気持ちがあり、就職活動を行う中で読売テレビから内定をもらい入社を決めた。

「テレビ業界だけを志望していたわけではありませんでした。テレビ局自体は素晴らしい会社なので、できることなら合格したらいいなと思ってましたが、まさか本当に内定をいただけると思ってなかったので嬉しかったですね」

２００３年4月、平山さんは読売テレビに入社する。

まずは編成局に配属され、ここで2年間テレビの基礎を学び、２００５年からは東京支社の制作部に異動。人気番組「どっちの料理ショー」を担当すると、その後「秘密のケンミンＳＨＯＷ」のディレクターを担当。２０１１年からは「ダウンタウンＤＸ」のディレクターに就任し、２０１８年11月からはプロデューサーも兼務するなど、人気番組を次々と任され、テレビマンとして活躍を見せた。

そして、ディレクターやプロデューサーとして番組作りを行う中で、多くのタレントと仕事を行ってきたが、一流の仕事を肌で感じる瞬間が非常に多くあったと語る。

「野球では、自分がやりたいプレーと、チームとしてやってほしいプレーがあると思いますが、優秀なタレントさんは求められているプレーを瞬時に嗅ぎ取って実現しますよね。野球と似ている部分があると感じました。笑いが欲しい場面では笑いを取って、専門家の真剣な答えが欲しい時はあえて一歩引くなど、番組の流れをすごく読んでくれます。その中でも特に優秀なタレントさんになると、想像を超えるホームランを打つこともありますね」

数あるタレントの中で、平山さんが特に「すごかった」と名前を上げるのがダウンタウンの二人だ。

「多くの方はご存じだと思いますが、松本人志さんはスーパーホームランバッターです。数え切れないほどのホームランを打っていますが、その一方でチームバッティングに徹して、後ろのバッターにつなぐこともできます。ホームランはいつでも打てるけど、チームにとってその時その時で大事なことを常に考えてらっしゃって、本当にすごいです。

浜田雅功さんの場合は総指揮官、監督の立場なので、それぞれの打者にどんなチャンスの場面を与えるかを全部考えてらっしゃいます。他にも、素晴らしいタレントさんが多くいらっしゃいましたが、やっぱりダウンタウンのお二人がすごすぎましたね」

業界トップレベルの技術に触れながら、長年にわたりバラエティ番組を作り続けた平山さん。その経験は、意外な形で展開を見せることになる。

「トクサンTV」が人気チャンネルに。野球界への問題提起を大事に

テレビマンとして働くかたわら、平山さんは週末には趣味として草野球チームでプレーを続ける。草野球でも140キロに達するストレートを投げ込み、現役さながらのプレーを続けていた。そんな折、2014年頃から野球系YouTubeチャネルが盛り上がりを見せてくる。

テレビマンとしての血がうずき、「自分の番組作りの能力を、草野球のフィールドで活かせないか」と2016年にスタートしたのが、「トクサンTV」だ。

草野球仲間のトクサン（徳田正憲さん）とライパチ（大塚卓さん）に中心となってもらい、平山さんは撮影や編集を担当。

番組作りのノウハウや出演の心構えを一つひとつ伝えていき、二人の上達とともに再生数も登録者数もどんどん上昇していく。

現在のチャンネル登録者数65万人は、野球系YouTubeチャンネルではトップの数字だ。元プロ野球選手の里崎智也さんが運営する「里崎チャンネル」が47万人、メジャーリーガーのダルビッシュ有投手（サンディエゴ・パドレス）が運営する「Yu Darvish」が58万

人、さらに読売ジャイアンツ公式が49万人であることを考えると、そのすごさがおわかりいただけるだろう。

「トクサンTV」は、社会人野球チームへの潜入やプロ野球選手とのコラボが人気を博し、また最近ではプロ野球中継にも解説として登場するなど、成長を続けている。

「映像制作のプロフェッショナルとして、やるからにはクオリティの高いものを作りたいなと思いました。いくら趣味とはいえ、単なる趣味で済ませるわけにはいかんなと。野球選手がバットを振るのと一緒で、振ると決めたからには強いスイングをする。プライドですよね」

番組作りでは、エンターテインメントだけでなく、野球界を良いものにするための問題提起を行うことも心掛けている。ある時、動画のテーマに「野次」を取り上げ、マナーや相手へのリスペクトの精神を視聴者に問いかけたことがあった。

「問題提起はとても重要視してます。野球、特にアマチュア野球は教育だと思っていて、人が成長するための土台です。

『野次』に関していえば、相手を悪く言い続けるのは個人的には理解できないし、どんな世界も共存共栄していかなければいけません。自分のチームだけに声掛けをするか、お互いに褒め合うことができればいいと思います。自分が勝つために相手を傷つけるのは本当によくないですよね。

あくまで問題提起ではありますが、『野次』のように明らかになくなった方がよいものはしっかりと視聴者に問いかけて、コメント欄で発言してもらえれば、球界全体の考え方が一つ出来上がるのではないかなと思っています」

「トクサンTV」を人気YouTubeチャンネルへと成長させた平山さんは、野球以外の分野にも踏み出していく。

テレビ番組で再現ドラマを作っていた経験から、漫画チャンネルの分野でも勝負できると感じ、2019年3月に人間の闇を映し出す漫画系チャンネル「ヒューマンバグ大学 闇の漫画」を開設。間もなくしてメガヒットを連発する人気チャンネルへと成長し、登録者数は現在126万人。

その後も人気チャンネルを次々と生み出していき、YouTubeを主戦場とした動画制作に大きな可能性を感じて、2020年3月に読売テレビを退社。

株式会社ケイコンテンツを設立し、経営者としてのキャリアをスタートさせた。

「YouTubeの世界でチャレンジしたいなと思い、最終的に読売テレビを卒業させていただくことになりました。テレビ局で培ってきた技術が『トクサンTV』で一つ結実して、もう一つ、二つ、三つとチャレンジした先に、一体どんな未来が待ってるんだろうとワクワク感が勝ってしまい退職を決意しました。

ただ、その後もありがたいことに読売テレビさんとはお仕事でつながりをいただいて、卒業しても『大丈夫か、頑張れよ』といつも見守ってくださっています。感謝しかありません」

野球には人生の教えが凝縮されている

多くの人気チャンネルを抱える現在は、従業員数も増加し続けており、制作側の視点だけではなく数字側から見た視点もより大事になってきた。

クリエイターの話ばかりを重視するとお金の面で無理が出てしまい、反対に数字の話ばかりではクリエイターの心をつかむことができない。バランスを取りながら、かつスタッフの成長にも配慮しながら舵取りを行っている。

「高校時代に培った、赤点を出さない考え方が役立っていると感じています。経営面での選択もそうですが、社員への声掛けは特に重要です。

野球で例えると、『細かいコントロールは気にしなくていいから、まずは強いボールを投げることを意識しよう』とか、『結果として打たれたけど、今日一番のボールを投げることができたな』とか。結果だけを見て良し悪しを語るのではなく、まずはプロセスやパフォーマンスをしっかりと認めてあげないと、社員の心に響かないし成長が起きないかと感じてます」

　高校時代に自ら考え、自主性を持って練習に取り組んだことが、現在に大きく活かされたと繰り返し語る平山さん。

　最後に高校球児へのメッセージをお願いすると、同様に考える癖を身につけてほしいと熱い言葉を口にした。

「なぜ強くバットを振るのか、なぜバントをしなければいけないのか。行きつく答えはすべて『チームの勝利のため、みんなが笑顔になるため』だと思います。たまたま強く遠くに打球を飛ばせるのであれば、その力をチームの勝利に活かす方法を考えて、仲間と一緒に成功体験をつかんでほしい。考えずに過ごす時間は非常にもったいないので、あらゆることに対して『なぜ』と突き詰めてほしいと

思います。

『球道即人道』という言葉もありますが、野球には人生の教えが凝縮されています。考えれば考えるほど無限の成長を与えてくれるので、とにかく何となくやるのではなく考えて取り組んでほしい。これは高校時代の僕にも言いたいですね」

そう答えた後、ふと思い出したかのように再び口を開く。

「でも結果として、当時深く考えることができなかったからこそ、反省して『考えられる今』があるのかもしれないですね。その意味では後悔は1ミリもありません」

平山さんの言葉は、常に前向きで過去への執着がない。

これからも今にとことん集中して、世の中をアッと驚かせるような作品を生み出し続けるだろう。

第6章

逃げ回った野球人生から得たものは、自分の弱さを受け入れること

こすぎ・ようた ● 1985年生まれ、東京都出身　二松学舎大附～亜細亜大（中退）
二松学舎大附時代は、控え投手として第74回選抜高等学校野球大会に出場。高校卒業後は亜細亜大学に入学し、1年春にリーグ戦デビューを果たすが、3年生の進学直前に大学を中退。その後、2007年にJR東日本へ入社し、2008年のドラフト会議で横浜ベイスターズから5位指名を受けプロ入り。9年間のプロ生活を過ごした。現役引退後、2017年11月に株式会社l'uniqueを設立。当初は広告事業だったが、現在は企画やオペレーションをトータルで引き受けるコンサルティング業へとシフトしている。

9年間、プロ野球選手としてプレーして引退直後に起業。今はビジネスパーソンとして活躍しているのが、株式会社l'unipue（リュニック）の小杉陽太社長だ。

2008年にドラフト5位で横浜ベイスターズに入団し、プロ生活9年間で86試合に登板した小杉さん。晩年は中継ぎとして2年連続で20登板以上を果たすなど、チームに欠かせない存在となったが、ケガの悪化から2017年に現役を引退。その後は経営者としてイベント事業をスタートし、現在では企業PRやコンサルティングなど、幅広い専門性を武器に実績を上げ続けている。

そんな小杉さんは、鈴木誠也選手などを輩出した東京都の名門・二松学舎大附の出身で、現在の活躍の土台は高校時代にすべて作られたと断言する。

3年間の高校野球は、小杉さんにどのような影響を与えたのだろうか。

野球よりもバスケット少年だった小学校時代

1985年生まれ、東京都江東区出身の小杉さん。

学生時代にバスケットボールに打ち込んだ両親の影響から、幼い頃は野球ボールではなくバスケットボールに触れる機会が多かった。小学校の低学年時からミニバスケットボールのチームにも入っていたが、6年生の時に大きな転機が訪れる。

同じクラスに少年野球チームでキャプテンを務める友人がおり、助っ人として誘われたことで野球への興味が湧いてきたのだった。

「小学校6年生の5月に、人数が足りないからとチームに誘われ、そこで野球の面白さに惹かれてチームに入りたいと思いました。両親にははじめは反対されましたが、最終的には『自分がやりたいのであればいいよ』と認めてもらい入団することができました。

実は両親がバスケをやっていたことから、自分も仕方なくやっていた側面があり、最後の方は半分やらされている状態でした。やめる理由を探してたところに、野球があったという感じで、そこからのめり込んでいきましたね」

入団したチームは、松坂大輔さんもかつて在籍した東陽フェニックス。バスケットボールで培った運動神経を武器に、入団直後から三塁手を務め、また夏以降からは投手も任されるなど即戦力として活躍した。

実はバスケットボール以外にも、これまでサッカーや水泳を経験しており、小杉さんは様々なスポーツに触れる中で、運動神経が発達していったのではないかと口にする。

「バスケ以外に水泳もやっていて、さらに一時期は平日にサッカーの練習が入るなど、忙しくいろいろなスポーツをしていました。野球は、空き地で友人とカラーボールでのキャッチボールをする程度でしたが、今思うと運動神経が鍛えられたことで、野球にもすぐに対応できたのかなと思います」

その後、小学校6年生の1月からは硬式野球に触れるため東京北砂リトルに入団し、中学1年生の夏からは中学硬式ポニーリーグの強豪・江東ライオンズへと進んだ小杉さん。東京北砂リトルと江東ライオンズが練習するグラウンドは隣り合っており、自然な流れで入団を決めたという。

下級生時は肘をケガした影響で野手中心のメニューをこなしていたが、ケガの癒えた2年生の夏以降はチームの絶対的なエースとして君臨する。

周りの中学生よりも頭一つ抜けた身長に、しなやかな腕の振りから投げ込む伸びのある直球。関東圏ではたちまち注目を浴びる存在となり、中学3年生の夏には球速135キロを記録した。

全国各地の高校から声を掛けられたが、その中で小杉さんは地元の強豪校・二松学舎大附への進学を決める。

「同じチームから、同級生二人が二松学舎大附に進学することが決まっていて、また自宅から近いことが決め手になりました。その他にも、東京都内の強豪校や遠いところでは沖縄からも声を掛けていただきましたが、江東ライオンズに二松学舎大附出身のスタッフが多くいたことも安心できるなと思いましたね」

立場や責任が選手としての自覚を生む

2001年4月、二松学舎大附に入学し、硬式野球部にも入部した小杉さん。だが、実際に高校野球の世界に飛び込むと、想像以上に苦しいことが非常に多くあった。

練習の雰囲気は常に張り詰めており、チームの規律も中学とは比べものにならない。中でも特に小杉さんを驚かせたのは、ミーティングの多さと時間の長さであった。

「二松学舎大附の市原勝人監督は、ミーティングをすごく大事にされていて、連日2時間くらいのミーティングをするんです。1年生の時はそれがとにかく長く感じて、どうしても眠たくなってしまうんです。最初は言ってることの1割くらいしか頭に入ってきませんでした」


慣れない環境での練習や生活に、必死の思いで日々を過ごした小杉さん。

だがその一方で、入学直後から練習試合では登板機会をつかむなど、大きな期待もされていた。夏には1年生ながら背番号をもらいベンチ入りを果たし、3年生が引退した直後の新チームでは、投手陣の一角として登板機会も一気に増える。

責任ある立場に置かれたことで、小杉さんにも自覚が芽生える。すると、かつては眠気をこらえる時間だった日々のミーティングが、まるで違う刺激的な時間になった。

「責任が伴ってくると、自ら内容を理解しようとしはじめ、少しずつ監督の仰ることが理解できるようになってきます。そして内容が理解できると、今度は言われたことを自分の立場に当てはめて、シミュレーションできるようになります。普段の自分に当てはめるなら、こういうことだろうなと頭の中で考えていると、2時間のミーティングはあっという間に終わってしまいます。やるべきことが整理されているので、グラウンドでの練習の質もとても高くなりました」

こうして、高校野球でも少しずつ実績を残しはじめた小杉さん。1年生ながら秋季東京都大会準優勝に貢献し、見事選抜甲子園への出場をつかんだ。

大会では、太もも大腿骨の疲労骨折の影響で登板こそできなかったが、ブルペンの雰囲気を味わえただけでも野球人としての幸せを感じた。

「甲子園はやっぱり素晴らしいと感じました。ケガの状態でも監督さんがベンチに入れてくださり、ブルペンにも入りました。監督さんは行けるかと聞いてくれましたが、痛みがあったので『難しいです』と答えました。

もちろん、痛みをこらえて投げたい思いはありました。しかし、無理をしてマウンドに立てば、当然出力も上がるだろうし、ケガは取り返しがつかないほど悪化していたかもしれません。今振り返っても、投げなくて正解だったなと思います」

試合には出場できなかったものの、甲子園球場の雰囲気を経験して、さらに高いモチベーションで練習に打ち込んだ小杉さん。3年生の先輩たちが引退した2年夏以降は、チームの絶対的なエースに定着し、さらに成長を遂げるのであった。

選手の自主性を重んじた市原勝人監督の指導方針

3年生が引退し、最上級生として後輩たちを引っ張る立場となった小杉さん。ミーティングにもこれまで以上に身が入り、またエースとしての強い自覚も持つようになったと振り返るが、練習メニューを選手たちだけで決める自主性を重んじた指導が、特に印象に残っていると語る。

「市原監督の方針で、練習メニューは選手たちだけで考えていました。『お前たちでメニューを考えて、それを事前に俺へ持ってこい』と。しかも『これをやっていいですか』ではなくて、『これをやります』といった形で持っていき、なぜこのメニューを行うのかを説明した上で練習に取り組んでいました。

1週間の練習メニューを上級生だけで考えて、それを後輩たちにも説明しながら自らも実践する。それによって考える癖がつきました」

2003年当時の高校野球界は、監督から与えられたメニューをこなすスタイルが主流で、市原監督の指導方針は非常に珍しかった。

新チーム結成当初は何となくで決めていたメニューも次第に洗練されていき、同級生とも建設的に議論できるようになっていく。大会期間や冬場のトレーニング期、また選手の力量や立ち位置によっても個別にメニューを変え、さらには理屈と根性を使い分けながらメニューを考えたと小杉さんは振り返る。

「僕であれば、主に先発投手でエースでもあったので、大会前になったら走り込みの本数を減らして、登板する可能性の低い投手などは、もう少しトレーニングの出力を上げて筋力を維持しようとか。今振り返っても建設的な議論ができていたと思いますし、必要に応じて根性論を振りかざすこともありました。

当時としては珍しかったと思いますが、選手たちで建設的に話し合える文化があったからこそ、二松学舎大附は強かったのだと思いますし、自主性を持って考える癖は経営者の現在にもつながっていると感じています」

選手の自主性を重んじる環境の中で投手陣を引っ張り、またエースとしてもチームを牽引していた小杉さん。

新チームでも地道に実力を伸ばしていき、3年生になると最速は147キロに到達。選抜甲子園出場は惜しくも逃したが、東京都屈指の注目投手として名前も挙がるようになり、2年春以来の甲子園出場へ自信を持って最後の夏を迎えた。

大会では、初戦から3試合連続で二桁得点を記録するなど、盤石の戦いを見せる二松学舎大附。小杉さんも自慢の速球を武器に好投を続け、5回戦以降も世田谷学園、関東一、岩倉と強豪校を打ち破り、決勝進出を果たした。

甲子園まであと1勝。決勝戦の相手は、初優勝を狙う都立雪谷だった。

試合は投手戦となり、8回を終えて得点は0対0の同点。膠着状態のまま9回を迎えたが、ここで小杉さんは都立雪谷打線につかまってしまった。

「無死一、三塁の場面で、バッターは4番。ツーストライクと追い込み、キャッチャーのサインはストレートでしたが、僕は首を振ってスライダーを投げました。冷静に相手を分析して投げたスライダーでしたが、ボールが抜けて甘いコースに行ってしまいタイムリーヒットを打たれてしまいます。

結局、9回だけで5点を取られてしまい、二松学舎大附は甲子園を逃します。要求通りストレートを投げておけばどうなっていたのだろうと、今でも悔いが残りますね」

これまでの実績だけを見れば、雪谷より二松学舎大附の方が上であったが、小杉さんは最後の夏に甲子園出場を逃す。

自主性の中で心身ともに大きな成長を遂げたが、自らの判断ミスにより終わりを告げた高校野球。後悔と充実感の狭間で、小杉さんは明治神宮球場を後にした。

ケガが続き大学を中退。アルバイトに明け暮れる日々

プロ野球のスカウトからも注目された小杉さんだったが、高校卒業後は亜細亜大学への進学を決断する。大学4年間でさらに力をつけてのプロ入りを目指したが、しかしここから大きな挫折を味わうことになる。

亜細亜大学でも、1年春のリーグ戦からデビューを果たすなど大きな期待を背負っていたが、ケガの多さに悩まされ、徐々に思い描いていた成長曲線とのギャップを感じはじめた。同級生が次々と頭角を現していく中で、焦りから無理なトレーニングでさらにケガが重なり、次第に小杉さんは野球への情熱を失っていく。

結果、大学3年生の進学直前に硬式野球部を退部。そのまま大学も退学した。

「ソフトバンクホークスの松田宣浩さんと同部屋だったことがあるのですが、一緒にいて、こんな人がプロに行くんだろうなと感じました。リーダーシップやチームを鼓舞する力、才能も練習量もありましたし、常に野球のことを考えていました。いつもＶＨＳで井口資仁さんの打撃映像を見ていて、夜に突然部屋でバットを振りはじめることもありましたね。

そんな松田さんと自分を照らし合わせた時に、大きな差を感じました。僕はプロには行けないだろうなと思ってしまい、野球からだんだん気持ちが離れていきました。

松田さんを真似しようと思ってもできなかったし、ただ同じ練習をするのではなく、本質的に取り組まないと練習を行う意味合いが変わってくるなと思っていました。自分だったらどんなプロセスを踏めるだろうと考えた時に、あまり答えが思い浮かばずに逃げ出してしまいました」

退学後、小杉さんは野球とは距離を置き、アルバイト生活に明け暮れた。昼はハンバーガー店、夜はバーで働き、空き時間には仲間たちと遊び呆ける日々。これまで野球しかやってこなかった小杉さんにとっては刺激的でもあったが、その生活にもすぐに飽きてしまい、虚しさが込み上げてきた。

気持ちは自然と野球に向かい、明治神宮球場へ足を運んでかつてのチームメイトがプレーする試合を見に行くが、その姿にさらに虚しさは増すばかり。そんな小杉さんの空虚な心を埋められるのは野球しかなかった。アルバイト中にも野球のことを考えるようになり、休憩中に鏡を見つけるとシャドーピッチングをしてしまう。

本当にやりたいのは、こんなことじゃない。

小杉さんはアルバイトをやめて、もう一度野球に打ち込むことを決断する。

「その後、中学時代に所属した江東ライオンズで練習していました。二松学舎大附の市原監督に対しては音信不通で、本来は大学をやめた時に報告に行くべきでしたが、それを怠っていました。当時は僕もまだ20歳で、できれば市原監督とは交わることなくどこかで野球をできればいいなと考えており、都合よくまた野球がやりたいのでお願いしますなんて言えませんでした。

ですが、江東ライオンズで練習しはじめてから1か月くらい経ったある日、当時の若林監督や三村総監督から『ここにいても先がないから、市原監督に頭を下げて高校で練習させてもらって、進路を一緒に探してもらった方がいい』と言われました。

それは僕も薄々気づいていていて、江東ライオンズで練習していても社会人野球とのつながりもないし、高いレベルで野球を続けるなら、まずは市原監督に謝るしかないなと思いました」

小杉さんは、恩師・市原監督に謝罪するため、二松学舎大附の野球グラウンドへ足を運んだ。

高校時代の恩師に謝罪。行動で見せた野球を続けたい思い

千葉県柏市にある二松学舎大附グラウンドを訪れた小杉さんは、市原監督が来るまで駐車場で待った。

「今までずっと退部の報告をせず、今さら謝罪に行っても、たぶん監督さんからは相手にされないだろうな」

不安を抱える中で、監督が到着すると真っ先に謝罪に行ったが、予想していた通り市原監督は完全に小杉さんのことを無視した。

「言葉なんてなかったですね。完全に無視で、空気と同じ扱いでした。目も合わせることなく練習に入っていき、僕はずっとグラウンドの隅に立っていました。夜になってもそのまま無視して帰られましたが、でも悪いのはずっと退部の報告をしなかった自分です。ちゃんと受け入れて、向き合っていかなくてはいけないと思いました」

だが、監督からのアクションをのんびり待つわけにはいかない。

謝罪の気持ち、そしてもう一度野球に打ち込みたい意思を伝えるためには、行動で示すしかないと思った小杉さんは、まず翌日から現役選手たちのサポートを行うことにした。

誰よりも早くグラウンドに行ってグラウンド整備を行い、練習中もボール拾いや打撃練習のサポートを率先して行う。そしてその合間に自らの練習も続け、野球を続けたい意思をひたすら行動で示し続けた。

すると3週間ほど経った頃、ついに市原監督から話しかけてもらえたのだ。

「『お前本当にまだ野球がやりたいのか』と言われて、本当にやりたいですと答えると、『この3週間くらいのお前の姿勢や行動を見たら、今回に限っては強い気持ちを感じた。今までのお前は、大学もやめて、俺のことも避けて、いろんなことから逃げてきたけど、また野球がやりたいなら一緒に進路を探してやる。ここで練習しとけ』と言われました。市原監督には本当に頭が上がらないですし、感謝しきれません」

市原監督の許しを得て、二松学舎大附のグラウンドで練習を行いながら、野球を続ける環境を探すことになった小杉さん。亜細亜大学を中退してから、すでに半年以上の時間が経過していた。

まずはスカウトの目に留まりやすい都市対抗野球大会への出場を目指し、社会人野球チームを中心に探したが、当初はなかなか受け入れてくれる企業が見つからない。企業側から見ると時期的に採用は難しく、野球部入部での中途採用も前例がほとんどない。

「今年度中の社会人野球入りは難しいかもしれない」

企業チームではない、クラブチームへの入部も視野に入れはじめた、そんなある日。突然、社会人野球の強豪・JR東日本の堀井哲也監督（現慶応大学硬式野球部監督）から、練習を見せてほしいと連絡が届いたのだ。

実は亜細亜大学とJR東日本とはよくオープン戦を行っており、下級生ながら毎回いいピッチングを見せていた小杉さんに、堀井監督は早い段階から目をつけていた。だが、小杉さんが3年生のシーズンに突如名簿から名前が消え、退部したことを知って「彼はまだまだやれる」と各所を探し回っていたというのだ。

後日、小杉さんのピッチングの状態を見るために、堀井監督は二松学舎大附のグラウンドを訪れた。

「ピッチング練習が始まるとたった3球しか見ていないのに、もう大丈夫と言ってくれたんです。『ボールも元気だし目も死んでいない。明日からうちの施設に来て練習しなさい』と言われました。その後、堀井監督が会社にも掛け合ってくれたようで、こうして無事にJR東日本へ入社することが決まります。ご縁と運があり、そしていろんな方に支えられて決まった進路でした」

弱さを受け入れ、今自分ができることにコミットすることが大事

2007年4月、小杉さんは晴れてJR東日本へと入社する。

1年目から、目標としていた都市対抗野球大会への出場も果たし、準々決勝では先発投手を務める。ドラフト指名が解禁となった2年目も、自慢の直球を武器に好投を続け、一時は難しいと思われたプロ入りの夢が、少しずつ現実味を帯びはじめた。

そして2008年10月30日、小杉さんはプロ野球ドラフト会議で見事、横浜ベイスターズから5巡目指名を受ける。苦労の末につかんだプロ入りだった。

自らの弱さから回り道をしたが、小杉さんは回り道をしたからこそ弱さを受け入れることができ、プロ入りにもつながったと振り返る。

「大学をやめ、野球から離れてアルバイトを経験し、そして市原監督に謝罪したこと。その時期の経験があったからこそ、社会人野球で頑張れたと思っています。

自分の弱さを認めて、できないことを許容して、じゃあその中でどうやってパフォーマンスを上げていけばいいのかを考えた経験は、起業した時にも大きく活かされました。

立ち上げの時は多くの業務を自分一人でやっていましたが、それでもできることとでき

ないことはあります。僕はエンジニアではないのでコードは書けませんし、今でこそ知識はありますが、創業時はマーケティングのことは何もわかりませんでした。すべてを無理にやろうとせず、できる人に任せて、自分が今できることだけにコミットする。これは当時の経験から学んだことです」

だが相反するようであるが、もし逃げたい状況に陥ってしまったら、無理に野球を続ける必要はないとも力説する。

「『逃げる』と言われるとネガティブな表現に聞こえるが、決して悪いことばかりではない。学生であれば再びチャレンジする時間も十分にあり、別の道で頑張る糧にもできる。また体や心を壊してしまっては元も子もないため、無理のない範囲でチャレンジすることを球児たちには薦めたいと小杉さんは口にする。

「亜細亜大学をやめた時、僕もまだまだチャレンジできる年齢だったので、思い詰めることなく次を考えることができました。

それに大学時代もそうでしたが、苦しい時には周りから『これは将来すごく大きな糧になる時間だから』と言われますが、苦しい時は周りが見えていなくて全然心に入ってこないんですよね。何を言われてもキツいし、腑に落ちないまま立ち止まっていても状況は変わらない。そこで病んでしまうくらいなら、無理せず逃げ出してもいいよと背中を押してあげたいです」

プロ9年間で通算6勝。もう少し理論を重視すべきだった

横浜ベイスターズに入団後、ルーキーイヤーから一軍での登板機会をつかむなど、高い期待を背負っていた小杉さん。

2年目には8試合に登板し、一軍定着へ順調にステップアップしているようにも見えたが、ここからなかなかブレイクすることができない。不安定な投球から一軍定着には至らず、一軍と二軍の行き来を繰り返した。

「トレーニングの知識や投球フォームのメカニズムなどに、もっと早く気づけば安定して成績を残して、活躍できたなと感じることが多くあります。

後悔しないと覚悟を決めて練習してきたはずなのに、結果として自分の感覚だけで物事を進めてしまい、エビデンスを無視したことがプロ野球生活で苦労した大きな原因です。もっと早く勉強すればよかったなと感じています」

それでも、プロ7年目の2015年には27試合に登板し、翌2016年には開幕一軍をつかんで20試合に登板。球速も150キロを記録するようになるなど、ブレイクの兆しは見せていた。

だが2017年、プロ入り後初めて一軍登板がなく、10月に球団から戦力外通告を受けて現役引退を表明する。パフォーマンスも決して衰えてはいなかったが、当時はすでに年齢が32歳。若手の台頭も著しい中でポジションを失い、先の人生を見据えて次のステージに踏み出すことを決断した。

後悔しないと心に決めても、結果として後悔が残ったプロ野球人生。それでも小杉さんは、9年間の現役生活には、経営者としての仕事につながる学びが多くあったと振り返る。

「仕事もまったく同じだと思いますが、根拠やエビデンスを意思決定の判断材料にすれば、早く結果につながりやすいと感じています。僕はプロ野球選手として、自分の感覚だけで判断して遠回りをしてしまいました。でもそれは、数字を大事にする現在の考え方にもつながっていると感じています」

また、トップレベルのアスリートから学んだことも、大きな糧になっている。

小杉さんが特に印象に残っていると語るのが、三浦大輔さん（現横浜DeNAベイスターズ監督）だ。三浦さんは、現役時代に最も慕っていた選手で、普段の生活や練習、意識の高さなど学ぶことが非常に多くあった。

「三浦さんは毎朝早くグラウンドにやって来て、ランニングやトレーニングをずっとされていました。調子が良い時も悪い時も、変わらず同じことを続ける選手が良い選手だと言われますが、同じルーティンをずっと続ける継続力と重要性を学びました。

当時の僕は調子が良かったらやるけど、悪くなったらやめて違う方法を考えるの繰り返しでした。枝葉ばかり気にするのではなく、まずは三浦さんのように木の幹をどっしりと作って、野球に取り組むことが大事だったと今になったら思います」

人々に感動を与えたい。現役引退直後に起業を決断

後悔がにじむ中で、現役生活に別れを告げた小杉さん。チームからは球団職員の打診もあったが、引退後に選んだのは驚きのセカンドキャリアだった。

「現役の時から、起業しようと決めていました。最初はどんな企業に勤めようか考えていましたが、その時すでに32歳です。野球をやめるタイミングで何かを始めないと、一度就職したらその後チャレンジはできないかもしれません。人生一度きりだし、いろんな人にアドバイスをいただく中で、まずはやってみようと決断しました」

事業としてまず選んだのは、イベント事業だった。横浜DeNAベイスターズは、球場内外で毎年様々なイベントを開催していた。そのたびに披露されるクリエイティブなパフォーマンス、企画力には小杉さんもたびたび感動を覚えていた。

同じように「人々に感動を与えるイベントを企画したい」と事業を立ち上げ、株式会社

l'uniqueを設立した小杉さん。会社の初仕事として、同年に現役を引退した元選手会長の下園辰哉さんのトークショーイベントを企画した。

だが、もちろん立ち上げ時は業務が多く、イベント事業だけで目標とする売上を立てることはできない。サンプリングやキャスティングといった業務委託も引き受け、またマーケティングの勉強など様々な業務をこなしていく日々だった。

「イベント事業を行う会社として立ち上げましたが、最初は何でも屋のような状態でした。ですが、このまま業務委託を引き受けるだけでは苦しいなと徐々に思いはじめ、ある時それらを一貫してうちで引き受けていこうと考えるようになります」

小杉さんが考えたのは、コンサルティングのような形でクライアントと一緒にプロジェクトの企画を行い、またその後のプロモーションやブランディング、キャスティングやサンプリングといった現場のオペレーションの部分も請け負っていくというものだ。

「これまで単発で引き受けていた様々な業務が、線になって結ばれた感じです。

単発の業務委託だと、自分たちの色を出すこともできず、クライアント様や代理店さんの意向ですべてが決まります。本当はもっとこうした方がいいのになと思っても、なかなかできないことが多かったので、最初から最後まで請け負わせていただいた方が役に立てると考えました」

2019年4月からは、ブライダル企業にも役員として参画。創業当初には想像もできなかったほど取り組みの幅は広がっているが、思い描いていた「感動を与える」瞬間には多く立ち合えているという。

「今はクライアント様の中に入って、二人三脚でプロジェクトを進める中で、成功体験を一緒に分かち合える瞬間がすごく嬉しいですね。お客様が喜んでいる顔を見ると、僕の中にも温かくウェットな感情が湧き上がって、やりがいを感じますね」

監督に指導されたことが卒業後にわかる日が来る

経営者として日々奔走する小杉さんであるが、野球との関わりも持ち続けている。中学時代に所属した江東ライオンズでは、アドバイザーとして指導を行っており、2021年2月からは四国学院大学硬式野球部の投手コーチにも就任した。

人生の選択に迷う大学生には、進路について相談されることも多いと明かす。

「就職活動を行う学生からはよく相談されますね。どんな職種に就けばいいですかとか、あとやりたいことが見つからないと相談に来る学生もすごく多いです。

そんな学生には、いつも『とりあえずやってみたら』と言っています。やってみて合わなければ転職もできるし、僕みたいに失敗してもやり直すことはできます。

また、いきなりやりたいことを見つけるのは難しいかもしれませんが、まずは会社に入って必要とされる人間になってくると、だんだん自分のやりたいことも見えてくるかもしれません。

だから起業当初の僕のように、まずは前向きに何でもやってみようと答えています」

経営者として、さらには指導者としても日々を活き活きと過ごす小杉さん。

そのすべての土台を作ったのは高校時代であり、だからこそ高校球児にも今を大切にしてほしいと強く語る。

最後に、高校生への熱いメッセージをいただいた。

「僕は今年で36歳になりますが、やっぱり高校時代の記憶が一番濃くて、みんなで一つの目標を目指した経験は大きな財産です。現在も一番密に関係が続いているのは高校野球の同級生で、お互いの結婚式に出席したり、家族同士でご飯に行ったり、相談に乗ってもらったりすることもあります。勝ち負けだけに執着せず、仲間との時間も大切に過ごしてほしいなと思います。

また今はわからないかもしれませんが、監督の指導の意味は卒業してから必ずわかる日が来ます。卒業していろいろな経験をする中で理解も深まるので、指導者との関係や一緒に過ごす時間も大切にして頑張ってほしいと思います」

現在でも恩師・市原監督とは定期的に連絡を取っており、そのたびに背筋が伸びると笑みを浮かべる小杉さん。
その笑顔からは、感謝の気持ちがにじみ出ていた。

第7章

人間的な拙さから
後悔ばかりだった野球人生。
弱さを認め、
乗り越えたからこそ今がある

株式会社L.M.K

岡本篤志 代表取締役

（三重県・海星OB）

おかもと・あつし ● 1981年生まれ、大阪府出身　海星〜明治大
1998年にエースとして第80回全国高等学校野球選手権大会に出場し、翌1999年には第71回選抜高等学校野球大会に出場しベスト8進出。明治大を経て、2003年に埼玉西武ライオンズに入団すると、主にリリーフとして活躍。現役13年間で265登板、11勝、58ホールドの成績を残した。現役引退後は2018に外国人紹介事業を立ち上げ、ミャンマー人を中心とした東南アジアの人材の紹介やマーケティング人材紹介、またアスリートマン紹介（アスリートの思考を持つ人材の紹介）を展開している。

埼玉西武ライオンズのブルペンを支えた鉄腕は今、経営者として日本と東南アジアの架け橋になっている。

海外人材を日本企業へ紹介する株式会社L・M・K。代表取締役を務めるのが岡本篤志さんだ。

岡本さんは、2003年に明治大学からドラフト6巡目で西武ライオンズに入団し、13年間の現役生活を送った。2016年限りで現役を引退すると、2018年9月からは外国人紹介事業を立ち上げ、ミャンマーを中心に東南アジアの人材を日本企業に紹介している。

そんな岡本さんは1981年生まれ。三重県の海星高校出身で、高校時代は甲子園に2度出場。3年生時には最速145キロ右腕として注目され、プロ野球選手としての土台を作った。

だが経営者となった現在は、「ビジネスマンにも通ずるものが多くある」とも振り返る。

高校野球での経験は、現在の岡本さんにどのような影響を与えたのだろうか。

県内では注目される存在だった中学時代

大阪生まれの岡本さんは6歳年上の兄の影響もあり、物心ついた頃にはすでに野球ボールに触れていた。両親によれば、おもちゃで遊ぶよりも野球ボールで遊ぶことの方が多かったという。

小学校3年生になると地域の少年野球チームに入団し、練習がない日も放課後には決まって野球。中学生となった兄の姿からも影響を受けながら、少年時代を過ごした。

「当時は5、6年生のチームと、それ以下のチームとに分かれて試合などを行っていましたが、自分は3年生の時にはすでに上級生に混じってプレーさせていただきました。ずっとショートを守っていましたが、僕はずっとピッチャーをやりたいと思っていて、最初は嫌々ショートのポジションについていましたね」

5年生時に三重県へ転居して所属チームは変わったが、ポジションはショートのまま。兼任でマウンドに立つことはあったが、本格的に投手のキャリアを進みはじめたのは中学生となってからだった。

地域に硬式野球チームがなかったため、中学校の軟式野球部に入部した岡本さん。小学校時代のチームメイトの多くが、軟式野球部に入部するといったことも大きく影響した。中学校の軟式野球部としては練習はハードだったが、気心の知れた仲間たちと野球ができることに楽しさを感じていた。

夏に3年生の先輩たちが引退すると、新チームでは1年生ながら主戦としてマウンドに立つようになる。2年生の夏には絶対的エースの立場を確立し、三重県内では注目される存在となっていた。

「自分で言うのもなんですが、一応三重県の中では球が速い方だったので、多少は名前が通っていて、相手もそれなりに警戒する投手だったと思います。ただチームとしての実績はなくて、だいたい県大会の初戦に僅差で負けていました。プレッシャーに弱かったのか、急に打てなくなるんですよね」

憧れの海星高校へ進学。1年秋にはエースナンバーをつかむ

そんな岡本さんが海星高校に進学したのは、甲子園出場への思いが強くあったためだ。当時、三重県で最も強いとされていたのは海星高校で、三重県に引っ越して以来ずっと憧れを抱いていた。岡本さんが中学3年の夏に行われた第78回全国高等学校野球選手権大

会にも出場しており、「甲子園に行くなら海星高校しかない」と心に決めていた。

「大阪から三重に引っ越す直前のタイミングで、選抜甲子園を見に行きました。

その日は開幕日で、第2試合には松井秀喜さん（元読売ジャイアンツなど）がいる星稜が登場します。入場行進から見に行こうと思っていましたが、その日に限ってJRがストライキで。電車が動かず、苦労しながらなんとか星稜の試合には間に合いました。なかなかたどり着けなかった分、松井秀喜さんのホームランもより印象深くて、甲子園への憧れが強くなりましたね。

その後、三重に引っ越してからは海星高校に行こうと決めて、自分が中学3年の夏に海星が甲子園に出場した時は興奮しました。2回戦の早稲田実業戦では、2年生の4番バッターがサヨナラホームランを放ち、感動して『絶対海星に行くんだ』と改めて思ったのを覚えています」

その思いは実り、岡本さんには海星高校から声が掛かり、晴れて入学が決まった。海星高校のユニフォームに憧れの眼差しを向ける中で、高校野球のスタートラインに立った。

「僕の同級生には中学時代の日本代表に選ばれた選手もいて、かなり期待された世代だったと思います。1年生からレギュラーで試合に出場する選手もいて、僕も練習試合ではベンチに入れていただきました。

結局、3年生が引退するまでは試合で投げることはできませんでしたが、背番号10でベンチ入りしていた2年生の先輩よりは、僕の方がいいだろうと思っていました。正直、少し調子に乗っていて、小生意気なところはあったと思います」

だが、3年生が引退して岡本さんに登板機会が与えられはじめると、次第に壁にぶつかるようになる。秋季大会では先輩投手を差し置いて背番号1を背負うが、県大会で敗れて選抜甲子園への出場を逃す。

当時の秋季三重県大会は、ベスト4に進出した4校で総当たり戦を行い、東海大会への出場チームを決めていたが、その総当たり戦で海星は一つも勝ち星を挙げることができなかったのだ。

以降は、先輩投手にエースナンバーを明け渡し、岡本さんは背番号10に。この大会から、自身の野球との向き合い方を改めたと振り返る。

「僕はあまり練習が好きではなかったので、そういった姿を監督も見ていたのだと思います。春季三重県大会から背番号10番をつけることになってしまい、夏の三重大会まではずっと10番でした。

ですが、その後は手を抜くことなく真剣に練習に取り組んだことがよかったのか、夏の三重大会ではとても調子が良く、決勝戦の三重高校戦では7回二死までノーヒットノーラン。試合は3対0で完封勝ちすることができて、甲子園出場を決めました。

甲子園では再び背番号1番をもらうことができましたが、調子に乗っていた自分に監督が気づかせてくれたことがよかったのだと思います」

「使命」だった甲子園出場。3年春には選抜ベスト8進出

背番号1を背負って、初の甲子園のマウンドに立った岡本さん。

ちょうど松坂大輔投手を擁する横浜高校が春夏連覇を達成した大会で、のちに「松坂世代」と呼ばれる強者たちが活躍を見せる中で、岡本さんも躍動した。

雨天順延の影響で、海星高校が登場したのは大会6日目の第4試合。

第1試合では、村田修一さん（現読売ジャイアンツコーチ）を擁する東福岡と、古木克明さん（元横浜ベイスターズ）が4番に座る豊田大谷が対戦し、第2試合では横浜が登場。第3試合でも杉内俊哉さん（元読売ジャイアンツなど）を擁する鹿児島実業が完封勝利を遂げ、のちのスター選手が次々と登場。そんな舞台に、岡本さんも満を持してマウンドに立った。

「僕たちは東洋大姫路と対戦し、相手にはメジャーリーガーだった長谷川滋利さん（元マリナーズなど）の甥っ子さんがエースでいらっしゃいましたが、海星はその試合でホームランを3本放ち、僕も90球で完投勝利を挙げました。試合の内容も良く、1時間半で試合

は終わりました。

第4試合だったので、ナイターゲームを経験するチャンスだと思っていましたが、結局味わうことができなかったことを残念に感じた思い出があります」

2回戦は強豪・星稜と対戦し、接戦の末惜しくも6対7で敗れた。岡本さん自身も先発登板したが、序盤から打ち込まれて途中交代。チームは流れを変えることができないまま敗退。岡本さんは複雑な感情の中で甲子園を後にしたと振り返る。

「3年生の先輩たちには申し訳ない気持ちが強かったのですが、その一方で負けてよかったなと思う気持ちもありました。勝っていれば次は横浜でしたが、横浜とは力の差がありすぎると感じていました。負けた悔しさがある一方で、全国に恥を晒さなくて済んだと思う部分もあり、複雑な気持ちだったことを覚えています」

3年生は引退したが、当時のチームは岡本さんをはじめとする2年生主体のチームで、彼らが最上級生となる新チームには大きな期待が寄せられていた。

甲子園を経験した海星高校は秋季大会でも快進撃を見せる。秋季三重県大会で優勝を果たすと、その勢いのまま秋季東海地区大会も優勝。選抜甲子園への出場当確ランプを灯し、明治神宮大会にも出場を果たした。

当時の心境を、「選抜甲子園出場は定められた使命だった」と表現する岡本さん。

すでに東海地区ではチーム力は抜きん出ており、負けられない思いは部員たちの中にも浸透していた。夏の悔しさを晴らすべく自信を持って戦い、海星高校は2季連続での甲子園出場をつかんだ。

「明治神宮大会では初戦に1対10で負けましたが、テスト期間中だったためコンディションが悪く、特に自信を失うこともありませんでした。仕方ないなといった感じで、東京に思い出を作りに来た感覚でしたね。

選抜甲子園では、1回戦では九産大九州と対戦しましたが、僕らの中では2回戦で対戦するであろう明徳義塾のことばかりが頭にありました。結果的に1回戦は競り合いになりながらも僅差で勝利して、2回戦の明徳義塾も撃破しましたが、準々決勝で水戸商に負けてしまいます。

僕の中では優勝できるはずのチームだったので、予想外の結果でした。足をすくわれる結果となり、今になって振り返ると、当時の僕は少し野球を舐めてたのかなと思います」

負けて初めて気づいた慢心。足をすくわれる時は隙がある

思わぬ敗退で、選抜甲子園は準々決勝で姿を消した海星高校。

慢心があったことにこの時気がつくべきであったが、当時はそこまでの人間力が岡本さ

んには備わっていなかった。

　無意識の驕りを抱えたまま最後の夏を迎え、それは最悪の形で露見することになる。

　選抜甲子園ベスト8進出を果たして学校へと戻った海星ナインは、その後はとにかく負けなかった。エースの岡本さんを温存しながら春季三重大会を制し、春季東海大会でも頭角を現した2年生投手が好投。

　準決勝に勝ち進むと、そこでようやく岡本さんが登板して貫禄の好投。決勝戦は惜しくも敗れたが、そこでも岡本さんの登板はなく2年生投手が投げ切った。

　盤石の戦力を擁して、さらに2年生投手の台頭。3季連続の甲子園は、ほぼ確実とさえ感じていた。

「選抜甲子園でベスト8まで行って、帰ってきてからも正直ちやほやされました。やっぱり高校生なので嬉しいですし、大会でも練習試合でもほぼ負けないんですよ。春季東海地区大会の決勝も、僕が投げていれば普通に勝てると思っていましたし、調子に乗っていたように感じます」

　そんな中で迎えた最後の夏。岡本さんの調子も上々で、海星高校は順調に勝ち上がっていく。特に準決勝は絶好調で、自己最速の145キロを記録して2安打完封勝利。3季連続の甲子園出場まであと1勝に迫った。

「準決勝で高校3年間の最速が出て、これはもう決勝も勝てるなといった思いがありました。そもそも県大会で勝つことをあまり考えておらず、いかに甲子園で勝つかだけを考えていました。それが最後の最後に隙を生んだのだと思います」

決勝の相手は四日市工。ちょうど1年前の海星高校のように、2年生が主体となったチームで、「県内では一番僕らをライバル視していたのが彼らだったと思います」と言う岡本さん。

試合は序盤から海星高校がリードを奪い、岡本さんも無失点投球を続ける。3対0で試合は最終回を迎えたが、大きな落とし穴が待っていた。

「最終回に急に連打されはじめ、また守備のミスも重なり3対4でサヨナラ負けしました。その試合はあまり調子が良くなくて、スライダーを多く投げていたのですが、試合の中で、そのスライダーを狙い打ちされる場面が何度かありました。しかし配球を変えることなく、スライダーを投げ続けた結果、最終回に連打を浴びてしまった。僕は、相手の狙いに気づいていなかったのです。

9回のマウンドに上がる時には、優勝した瞬間はどんなガッツポーズをしようかなとか考えていました。要するに隙だらけだったんです」

負けて初めて気づいた慢心。

岡本さんは現役の高校球児にも、目の前の相手を倒すことだけを考え、足下を見つめて戦ってほしいと思いを口にする。

「足をすくわれる時は、やっぱり気持ちの中に隙があると思います。今振り返っても、まずは先頭バッターを打ち取ることに全力を注げばよかったと思いますし、当時の自分は甘かったなと感じます。高校球児のみなさんも、それを忘れずに頑張ってほしいですね」

明治大学硬式野球部へ入部。整然とした上下関係の中で人間形成

高校卒業後、明治大学を経て、2003年に西武ライオンズに入団し、13年間のプロ野球生活を送った岡本さんだが、2016年限りで現役を引退すると、2018年9月からは外国人紹介事業を立ち上げて経営者として活躍しはじめる。

企業で働いた経験がなかったにも関わらず、手探りの中で事業を軌道に乗せた手腕は見事だが、その土台は大学野球、プロ野球選手時代に培われたと断言する。

夏の三重大会の決勝で敗れて高校野球を引退した岡本さんは、プロ野球のスカウトからも注目されたが、両親の願いもあり大学進学を決断。最終的な目標をプロ野球選手に定めて明治大学への入学を決めたが、ここでは整然とした上下関係の中で人間形成ができたと語る。

「上下関係は高校よりも大学の方が厳しいので、先輩に対しての言葉づかいや部内のルー

ル、もちろん厳しい練習もある中で忍耐力を培うことができました。
とはいえ、明治大学は先輩の洗濯を後輩が行うなどの理不尽な上下関係はなく、汚い場所の掃除は最上級生が行うなど、健全な人間形成の場でした。その中で僕も、人間的に成長できたと感じています」

プレーヤーとしても、1年春から抑えとして獅子奮迅の活躍を見せて、4年間ではリーグ戦通算48試合登板、12勝8敗、防御率2・41の成績を残した。即戦力投手としてプロ野球のスカウトから注目を浴びた岡本さんは、西武ライオンズにドラフト6巡目で指名を受けてプロ入りを果たした。

高校時代に立てた、「プロ野球選手になる」目標を見事叶えた岡本さん。西武ライオンズでも、ルーキーイヤーから10試合に登板するなど大きな期待を受けていたが、中継ぎの柱として活躍を見せるまでには7年の歳月を要してしまった。

ブレイクするまでの7年間の経験も、現在に大きくつながっていると口にする。

「自分は人に流されやすい性格で、それがプロの世界では大きく足を引っ張りました。ぬるま湯にどっぷり浸かってしまい、入団して3、4年は契約してくれるだろうと甘い考えを持っていました。プロ野球選手として野球でお金をもらう感覚がそもそも備わっておらず、学生野球の延長上でプレーしていたように感じます。

もう少し一軍の選手たちの意見を積極的に聞きに行くべきでしたが、二軍の選手と仲良くしている方が楽なんですよね。自分の人としての弱さがモロに出たなと思います」

一軍と二軍の行き来を繰り返し、一軍では登板するたびに打ち込まれる。そのうち毎年秋頃になると、戦力外になるのではないかと不安に駆られるようになり、焦りと逃げたい気持ちがくすぶっていた。

7年目に遂にブレイク。満身創痍の中で球団に恩返し

転機となったのは、プロ6年目の2009年、股関節の疲労骨折が判明した時だ。投球動作が恐怖に感じるほどの痛みに悩まされたが、岡本さんには時間がない。焦りから痛みをおして練習を続けていたが、見かねた当時のトレーニングコーチが、治療に専念できるように球団に掛け合ってくれたのだ。

「球団の編成担当に呼ばれて、来年の契約はするからとりあえず今年1年間は休みなさいと言っていただきました。ずっと鳴かず飛ばずで、クビになってもおかしくない選手に契約すると言っていただき、ここで自分が変わらないと今までの野球人生すら否定することになると思いました。人間的にも一段階大人になれましたし、野球選手としても考え方がガラリと変わりましたね」

結果で球団に恩返ししたい一心で、２００９年のシーズンは治療に専念して復活を目指した岡本さん。これまでは他の選手が練習を切り上げはじめると、岡本さんも一緒に練習を終わっていたが、周りに合わせることなく黙々とリハビリとトレーニングに打ち込む日々。野球への取り組む姿勢が明らかに変化した。

実戦に復帰した翌２０１０年は開幕から二軍で好投を続け、7月に一軍へ昇格すると自身6年ぶりの一軍戦勝利を挙げる。

以降はリリーフの一角として首脳陣の信頼をつかみ、プロ野球生活最多の33登板を記録。その後も登板数を増やしていき、２０１２年にはプロ最多の59登板を果たした。

「疲労骨折だったので、２０１０年以降も完全に治ったわけではなく、80％治ったぐらいの感覚でした。登板数が増えていくと、どうしても投げるたびに股関節には痛みが出てしまいますし、飛行機に乗る時も気圧の関係からか痛みが出るほどでした。

とはいえ、もう年齢も30歳を越えていたので休む選択肢はなく、上手く付き合いながら投げ続けていました」

球団への恩を返すために、心を入れ替えて戦線に復帰し、そして見事ブレイクを果たした岡本さん。この経験を経て、現役の高校球児にも目の前の練習に対して全力で向かってほしいと強く語る。

「多くのチームは、基本的にはメニューが決められていると思いますが、ありきたりですけどとにかく一生懸命に手を抜かず取り組んでほしいです。人間は失敗を経験しないとわからない弱さを持っていますが、学生野球は期間に限りがあります。

例えば大学野球でよくいるのが、卒業後も社会人で野球を続けたいけどなかなか試合で結果が出ない、なかなか進路が見つからない選手です。でも実際、そういった選手のほとんどが、大学4年間を真剣に練習に取り組んでいなかった選手で、3年生になって進路を考えはじめた時に『やっぱり野球がやりたい』と言い出すんですよ。その多くは時すでに遅しで、その事実に1、2年生の時から気づける自分であってほしいです」

ミャンマーとの出会い。活躍できる道筋を作ってあげたい

満身創痍の中で登板を続けた岡本さんだったが、2015年に肘の手術により戦線を離脱。術後の経過も芳しくなく、また年齢も35歳とベテランの域に達していたことから、これ以上の現役続行は難しいと判断し、2016年のシーズン限りでユニフォームを脱ぐことを決断した。

引退セレモニーでは胴上げされ、万感の思いで現役生活に別れを告げたが、いざ野球がなくなると自分がどの道に進むべきか、いきなり大きな岐路に立たされた。

社会人としてはアルバイト経験すらなかったが、サラリーマンになることは選択肢になかった。起業に興味はあったが、その大変さも当時は理解しておらず、志す事業も特にない。その中で岡本さんが最初に行ったのは、プロ野球選手時代に付き合いのあった経営者たちに会いに行くことだった。

「食事などに行くことはありましたが、実際にその人たちがどんな仕事をしてるのか詳しく聞いたことはなかったんです。仕事の話を聞きたいと思って昼にアポイントを取り、会いに行ってどんな事業をやっているのか、自分ができそうなものはないか探るため、質問をぶつけました」

経営者たちの話を聞く中で、たどり着いたのが人材業だった。初期投資が少なく、借り入れをせずに自己資金のみで事業の立ち上げができる点が決め手となった。

そして同じタイミングで、ミャンマーとの出会いもある。

養鶏場を営む友人の誘いで、興味本位でミャンマーを訪れた岡本さん。そこで生きる環境の違いに驚かされた。

「友人はミャンマーに養鶏場を作る目的がありましたが、私は当初はビジネスがしたかったわけではなく、東南アジアの国々に野球を広げたいという思いの方が強くありました。まずはボランティアとして孤児院を回って靴をプレゼントし、その中で野球を教える活動から始めました。

ただその中で、栄養失調で亡くなる子も多くいるなど、経済的に困窮するミャンマーの厳しい側面も見えてきます。スポーツによるヘルスケアも大事ですが、まずは国民がしっかりとした稼ぎを得ることが非常に大事だと感じ、日本で働く場を提供する人材紹介業と結びつきました」

事業を本格的に進める中で、日本との親和性が非常に高い国であるとわかってくる。日本への憧れを持っている国民は多く、日本語学校の数も非常に多い。また多くの国民が仏教を信仰しており、宗教的背景から見ても日本の環境に馴染みやすいと感じた。

その中でも特に、ミャンマーの人々は日本で働く上で必要な人間形成がなされている。そう岡本さんが感じたのは、小学校の教育だった。

「小学校では先生がよく怒鳴っており、私の少年時代を思い起こさせるものがありました。私の時代も小学校時代の教育がすごく厳しく、その後も高校野球、大学野球と厳しい上下関係の中で、ストレス耐性を養うことができたと思っています。ミャンマーの小学校の教育からも、同じものを感じたのです。

社会が求める人材も、やはりストレス耐性が強い人です。キツい仕事でもへこたれない精神力や、目標に対して粘り強く仕事ができる人を育てる環境があるなと感じ、この子たちが日本に来て活躍できる道筋を作ってあげたいと思いました」

人材業が楽しいと思ったことは一度もない

ミャンマーの人材に惹かれた岡本さんは、日本企業へのエンジニア紹介事業を行うことに決める。だが実際に経営がスタートすると、海外人材ならではの苦労も多くあった。

最初にぶつかったのが言葉の壁だ。

「やっぱり日本で働くためには、最低限の日本語が聴解、読解できないといけません。日本の企業だと、資格を持っていると話がスムーズに進むのですが、日本語能力試験の一番良いとされている資格が『N1』です。

ですが、日本人が『TOEIC』の点数を持っているのと同じように、資格を持っているからといって日常会話がすべてスムーズにできるわけではありません。試験内容は文法をもとに答える問題なので、日本人でもわからない問題が結構あるんですよ。

履歴書に資格を書いて損することはないので、書いておきましょうとは言っていますが、言語力のマッチングは今でも難しいなと感じています」

またミャンマーの人材に限らず、人材紹介業は入社後に問題が起こるケースも多くある。

ある時、企業に紹介した女性の人材から、入社から約半年後にクレームの連絡が入った。

健康保険に加入させてもらえず、酷い会社を紹介された。もうこんな会社はやめます、というのが彼女の言い分だった。

だが、彼女の言い分だけを鵜呑みにするわけにもいかず、急いで紹介先の会社に問い合わせたところ、自身で加入するか会社で加入するか選択制を採用しているとの回答だった。双方の言い分に食い違いがあり、さらに話を聞いていくと、彼女自身が健康保険の加入を拒否していた事実が発覚する。

「そしてそれだけに留まらず、彼女の悪いところばかり出てくるんですよ。勤怠の態度も芳しくなく、お客さんの電話にも対応しない。やめてもらってむしろよかったと紹介先の会社の方に言われ、私は『申し訳ありませんでした』と謝罪をしました。

それを本人に伝えても無視するばかり。人を見極める難しさを痛感しました。人材業はこうした苦労は多い業界だと思います」

日々の業務は、困難の連続だ。

岡本さんは「人材業が楽しいと思ったことは今まで一度もない」と本音を語り、生活のために今できることを精一杯やっているだけであると心境を口にする。

「僕の場合、人生の半分近くが野球で、それ以上に好きなことは見つからないと思いました。でも稼ぎたい気持ちは持っているし、家族も養っていかないといけない。その中で、今自分にできることはなんだろうと考え、たまたま今の仕事にたどり着いただけです。自分の願いを叶えるだけの貯金があれば、今の仕事はしないと思います。

でもだからこそ、稼ぎたいのであればやるしかないという感覚で、業務に対するストレスはほとんどありません。そこはプロ野球での経験から身につけた考え方で、稼ぎたいのであれば嫌なんて言っていられません」

ちなみに株式会社L・M・Kの由来は、ライオンズ、明治大、海星とこれまでの野球での所属先の頭文字を取ったものだ。

野球での経験を活かして、経営者として常に現実を見つめる岡本さん。現在の高校球児に対しても、感情や感覚でものごとを考えるのではなく、現実を見つめながら野球に打ち込んでほしいと口にする。

「人間に平等に与えられているものは時間です。1日24時間、さらに高校は3年間の限られた時間の中で、生かすも殺すも自分次第です。時間を活かせる人間が何事も成功をつかむと思っています。

いかに有効に時間を使って、PDCA(Plan・Do・Check・Action)を回せるか、それが社会に出た時にも必ず活きるので、まずは目の前の3年間を全力で頑張ってほしいですね」

振り返ると、人間的な拙さから後悔ばかりだった野球人生。

弱さを認め、乗り越えたからこそ今がある岡本さんから、多くのことを学べるのではないだろうか。

第
8
章

とよとめ・めぐむ ● 1974年生まれ、兵庫県出身　大阪桐蔭〜福井工業大
大学卒業後、大手求人広告代理店に入社。その後、飲食業や外資系医療機器メーカーなど4社を経て、平成25年6月に株式会社ライジングユニオンの代表取締役に就任。
病院へのコンサルティング事業を展開し、またメーカーとして製造・販売している5本指足部用サポーター「フットラーク」は2020年4月に特許庁にて意匠・商標登録の承認を受け、全国の医療現場やスポーツ現場などへ販売を行っている。

病院や介護施設へのコンサルティング業に始まり、現在は5本指足部用サポーターの「フットラーク」や足部用サポーターの「キュットラーク」を販売するなど、幅広い事業展開を見せているのが株式会社ライジングユニオンだ。

業務改善やコスト削減の面から病院の経営をサポートし、またフットラークやキュットラークはほどよい着圧によって足つりやむくみ予防ができることから、プロアマ問わず多くの野球選手から支持を集めている。

そんな同社を一人で経営しているのが豊留恵社長だ。

豊留さんは全国屈指の強豪・大阪桐蔭の出身で、1991年の高校2年時には初の全国優勝を間近で見守った。当時の

経験は今の活躍の礎になっていると断言するが、3年間の高校野球生活から得たもの、そして現在の社長業へのつながりを伺った。

激しい競争に尻込みした中学時代

1974年生まれ、兵庫県の尼崎市出身の豊留さん。

「野球か空手、どちらかをやりなさい」と母親から選択肢が与えられ、空手は寒い時期に裸足でやるのが嫌だったことから野球を選んだ。消去法で選んだ野球だったが、野球が盛んな土地柄にも後押しされて、すぐに夢中で白球を追いかけるようになった。

加えて、父親は鹿児島県出身で真っ直ぐな性格の九州男児。豊留さんが野球をやると言った日以来、ほぼ毎日のように自主練習に付き合い、野球未経験ながら練習のサポートをしてくれた。

「父は一度のめり込むととことん突き詰める性格で、私が野球をやると言った瞬間に野球の本を買ってきたりして、見よう見まねで野球を教えてくれました。毎日が野球の練習で、小学校の時は遊んだ記憶がほとんどないです。とにかく父が、野球の練習を手伝ってくれたことだけが記憶に残っています」

小学生時は捕手として活躍したが、中学時代に所属した兵庫尼崎ボーイズは関西地区でも指折りの強豪チーム。入団当初は1年生だけで60名近い選手が在籍し、中学1年生ながらすでに身長180センチを超える選手もいた。

レベルの高さに圧倒された豊留さんは「勝てるわけがない」と尻込みをして、小学校時代のポジションはライトだったと嘘をつき、守る選手の一番少なかったポジションを申告する。

だが競争率の低いポジションを選んだことが幸いし、また打撃でも首脳陣から高い評価を受けた豊留さん。中学2年の冬には2番・ライトでレギュラーをつかみ、俊足と強肩を活かして活躍を見せる。さらに3年生に上がる頃にはケガ人が出た影響から三塁手へのコンバートも経験し、ユーティリティ性を発揮した。

打撃でも年間で打率4割を記録し、チームでは首位打者。強打の内野手として徐々に高校スカウトの目にも留まるようになり、豊留さんは選手としての手応えを感じはじめた。

「このメンバーなら甲子園に行けるかも」。悩みに悩み、大阪桐蔭への進学を決意

そんな豊留さんが大阪桐蔭へと進学することになったのは、まさに突然の出来事だった。

「当時、私は別の高校に進学したいと考えていたのですが、突然父親に『大阪桐蔭の練習を見学してこい』と言われました。そこで練習見学に行ったのがそもそもの始まりなのですが、当時の大阪桐蔭は大阪大会でもベスト8に行けるか行けないかぐらいのレベル。正直、行く気はなかったですし、高校のこともよくわかっていませんでした。

ただ大阪桐蔭には、兵庫尼崎ボーイズから1学年上の有望な先輩が4人進学しており、そのうち3人がすでに試合に出場していました。練習見学から戻ると、父親だけでなくチームの代表からも、必ずこの世代で甲子園優勝するから大阪桐蔭に行けと言われたのです。まだ甲子園に出場してもいないのに『優勝』だなんて、何を言っているのかなと思いましたが、今思えば大人同士の話もあったんだと思います」

実際に大阪桐蔭の練習を見に行くと、チームには錚々たる顔ぶれが揃っていた。1学年上の世代には、世界大会優勝を果たしたボーイズリーグの日本代表選手や、それ以外にも中学時代に名を馳せた選手が多数在籍。今まさに全国レベルの強豪校へ、のし上がろうとするところだった。

「このメンバーなら、本当に甲子園に行けるかもしれない」

悩んだ末、豊留さんは大阪桐蔭への進学を決断した。

「甲子園に行けるかもしれないという気持ちももちろんですが、一回も出場していないので、甲子園初出場を目指して頑張ろうと思ったのです」

甲子園のグラウンドの上でチームの日本一を見届けること、そしてのちに大阪桐蔭が高校野球界の横綱として君臨することを、この時はまだ知る由もなかった。

鮮明に残る甲子園のグラウンドから観客席を見渡す景色

1990年4月、豊留さんは大阪桐蔭へ入学し、高校野球生活をスタートさせた。タレント集団の先輩たちには圧倒される日々で、練習が終わっても厳しい上下関係や下級生の仕事もあり心の休まる時間がない。

当時のチームは個性が強すぎる一方で、束になる強さも持ち合わせていた。豊留さんはここで、勝てるチームの在り方を肌で感じたと振り返る。

「技術的なことはもちろんですが、個性もとても強い世代で、みんな『俺が俺が』でした。昔、ドカベンという野球漫画がありましたが、まさにあんな感じです。一人ひとりに個性があって、自己主張も強い方ばかりでした。

でも試合になると、不思議と束になるんです。中学時代から日本代表を経験した方々が集まっていましたが、誇りやプライドもあったのだと思います。試合でも漫画みたいな勝ち方をすることがかなりありました。

主将だった玉山雅一さんも個性の強い方でしたが、俺に付いてこいと言える兄貴分のような存在でした。自分の意見を譲らない選手たちが毎日のように言い争いをしていたので、チームをまとめるのは大変だったと思いますが、勝てるチームというものを見せていただきました」

1991年、豊留さんが2年生の夏。大阪桐蔭は学校として初の甲子園出場、そして全国優勝を達成するのだが、その優勝の瞬間には豊留さんも甲子園のグラウンド上にいた。

背番号はもらえなかったが、日頃の練習に取り組む姿勢が評価され、補助員として甲子園大会期間中は初戦から決勝戦まで全試合メンバーに帯同。先輩たちの雄姿も色濃く脳裏に焼き付いたが、それ以上に強く印象に残っているのはグラウンドから見た光景だった。

「試合前ノックのボール渡しをしていた私には、周りを見回す余裕がありました。全部の光景が今でも鮮明な記憶として残っています。ベンチ入りしていない私は、普段はスタンドからグラウンドを見渡しますが、甲子園のグラウンドから観客席を見渡した時に、自分が夢見ていた景色が現実になったことを強く感じました。

また先輩たちが優勝したので、優勝旗を返還に行くのは後輩たちの特権でもあります。絶対に新チームではレギュラーをつかんで、もう一度この場所に戻ってくるんだという気持ちにさせられました」

記憶がなくなるほどショックだった最後の夏の敗戦

全国制覇の瞬間を甲子園のグラウンドの上で見届けて、高ぶる気持ちの中で新チーム発足を迎えた豊留さん。

だが結論からいえば、選手としては甲子園出場を果たせぬまま、高校野球引退を迎えることになる。タレント揃いだった前チームと比べ、豊留さんの代のチームは実力的に見ても劣っており、さらにチームとしてのまとまりがなかったことも成績に大きく影響した。

みんなが強烈な個性を持つ一方で、束になる強さも持ち合わせていた先輩たちを引き合いに出しながら、豊留さんは「勝てるチーム」と「勝てないチーム」の違いについて力説する。

「私たちの代は、上宮や近大付、PL学園などが大阪代表の座を争っていて、大阪桐蔭は5番手くらい。実力的にそこまで強いチームではなかったんですよ。その上、大会前に規律を破る人間がいたり、人間関係の問題からチームが崩壊しそうになったりするというトラブルも多々ありました。そんな状態では勝てるわけがないですよね。

先輩方もよくグラウンドで喧嘩をしていましたが、私たちとの違いは喧嘩をしっぱなしではなく、最後まで話し合っていたことです。主将だった玉山さんのキャプテンシーももちろんあったと思いますが、意見をぶつけ合って反目することがあったとしても、勝利のためには力を合わせることができるチームでした」

秋季大会は、甲子園で優勝して準備期間が短かったことも影響し、3回戦で敗退すると、春季大会も上位進出はならず敗退。豊留さんは「2番・三塁」でレギュラーをつかむも、チームはなかなか勝ち上がれない苦しい時期が続いた。

前年度甲子園優勝の大阪代表校として、優勝旗を全員で返しに行くことを目標に掲げたチームも、残されたチャンスは夏のみ。夏の甲子園に向けた予選では、足元を見つめ、目の前の相手を倒すことだけを考えた。

「1回戦で府立高校に僅差で勝って、そこから勝っていくうちに自然とまとまりが出てきたように感じます。それまではバラバラで甲子園なんか絶対無理だと考えていたのが嘘のように、絶対みんなで優勝旗返しに行こうなという感じで士気が上がっていきました」

準々決勝を突破し、ベスト4進出を果たした大阪桐蔭。準決勝では近大付と対戦した。試合は大阪桐蔭打線が序盤から力を見せ、4対2とリードする形で最終回を迎える。あと1イニングを抑えれば決勝進出。

9回の守備についた時、豊留さんの頭にも「甲子園出場」の文字が浮かんだ。だが、結末は思いもよらぬものだった。実は豊留さんは、9回表の守備についてからの記憶がまったくないのだという。

「9回の守備について、甲子園に行けるかもと思ったのですが、そこからゲームセットまでの記憶がまったくないんです。4対2で勝っていて、9回表に3点を取られて結局4対5で負けましたが、連打を浴びている時の記憶が正直まったくありません。

何年後かにビデオで見て、そこで初めて最後こんな風に負けたんだと知りました。逆転されるシーンを見るのが嫌で、実はそのビデオを見たのも5、6年経ってからです。それだけショックだったんだと思います」

甲子園へ優勝旗を返しに行く目標は達成できなかったが、高校野球での経験は豊留さんにとってのちの大きな財産となるのであった。

社会人となり大きな挫折。精神的に不安定な状態に

大阪桐蔭を卒業後は福井工業大学に進学し、ここでも大学4年間野球に打ち込んだ。大学卒業後は野球を続けることはなく、一般就職で求人広告代理店への入社を決める。配属されたのは神戸支社。阪神大震災からまだ2年後とあって、神戸の市街地はまだまだ復興途上でビルの建て直し工事が行われ、仮設住宅のプレハブも建ち並んでいた。少しず

つ活気を取り戻しつつある神戸で、社会人としてのキャリアをスタートさせた豊留さんだが、ここから大きな挫折を味わうことになる。

求人広告代理店では、まず新規開拓営業を任された。片っ端から飛び込み営業をかけていくスタイルで、その数は1日120軒。「はじめは名刺を配り切る感覚だった」と振り返る豊留さん。スキルもなかった当時は根性だけが頼りだった。

「新規のお客さんをとにかく取ってきなさいと言われ、タバコ屋さん以外は全部飛び込んで営業しました。三宮一帯を任されて、自転車でかけずり回りましたね。25階建てのビルがあったら、25階のボタンだけ押してそこから階段で降りながら全部のフロアを回る。頭も賢くなかったので根性だけでやっていました。

名刺は1週間で1000枚注文して、机の上にドンと置かれた名刺の山ができる。それをまた1枚1枚配る。その繰り返しでした」

その後は生命保険会社へと転職するが、ここでも営業職の難しさを思い知らされる。はじめは知り合いや身内に話を聞いてもらうが、当然ながら「お願いします」だけでは敬遠されてしまう。無形のものを営業する難しさを知り、豊留さんはなかなか実績を残すことができなかった。

「当時は独身で、生命保険の価値もまだわかっていませんでした。お恥ずかしい話ですが、正直保険会社の時は何もできていませんし、挫折してやめてしまったというのが正直なところです。

　もし待遇面でいい条件を出されても、もう保険会社には戻らないと思います。営業の難しさを思い知ったので、保険会社で働いて実績を挙げられている方を本当に尊敬します」

　自信を失い、自身の不甲斐なさを自責する日々が続いて精神的に不安定となり、一時は部屋からも出られない状態となった。心配した知人から電話がかかってきても、「どうせ俺を笑いものにしたいのだろう」と応答することはなく、ひたすら部屋に引きこもる日々。

　それでも心の奥底に、「このままでいいのか」といった気持ちがあったのも確かだった。

「何か自分を変えないと、家族や周りにも迷惑が掛かってるなと思いました。引きこもっている時はたくさんの方々に連絡をいただき、いろいろな言葉を掛けていただきました。その中で特に印象に残っている言葉が、『自分が恥と思っているだけで、周りはそんなに意識してないよ』というものです。

　これだけ自分のために連絡をくれて、このままじゃたくさんの人に迷惑を掛けるだけだと思い、もう一度頑張ることに決めました」

　その後、豊留さんは思わぬ職に就くことになる。

自己逃避から板前の世界に飛び込む

「その後は、4年弱ほど東京で板前を目指していた期間がありました。大阪を離れて、自分の過去を知っている人がいない場所へ逃げ出したかったんです」

東京に出店する飲食店で働かないか、と知人に紹介された豊留さんは、二つ返事で上京を決断する。新たな世界に踏み出していきたい冒険心といえば聞こえはいいが、実際は自分の過去を誰も知らない土地へ行きたいという、いわば現実逃避だった。

飲食業界は未経験、さらに縁もゆかりもない東京への移住を親族は反対したが、それを押し切って板前という未知の世界に踏み出した。

「全国制覇した大阪桐蔭で野球をしていたことで、天狗になった自分がいました。社会人になってもちやほやされ、保険会社で鼻をへし折られたわけです。当時25歳ぐらいですかね。自分を見つめ直すいい機会だったと思います」

板前の経験がない豊留さんにとって、苦労のなかったはずがない。

上下関係の厳しい料理人の世界。年下の板前でもみな先輩だ。年下からため口で話されることは当たり前。豊留さんは皿洗いからのスタートだった。また営業と違い、自分で時間を調整できない難しさもあり、毎日のスケジュールも前職以上にハードだった。

だがその一方で、この期間が社会人としての基礎を作ったとも振り返る。

「自分の生い立ちや歴史を振り返る中で、板前時代は野球とは違う忍耐力がついたというか、精神的に強くさせてもらった期間だと思います。修行させてもらっている身でありながらお給料もいただけて、そういった特殊な世界に入ったことで、精神的に病んでいた自分は甘ったれているわと思い、良い意味で大阪桐蔭にいた過去がなくなりました」

その後、結婚して子どもが生まれたことに伴い、板前の給与では生活ができないことから、28歳を迎える前に転職を決め、再び営業の世界に戻った豊留さん。だが板前を経験したことで、以前よりも営業職が楽に感じたと振り返る。

テレビのシステム会社に営業として入社するとすぐに売上を上げ、3年目を迎える前にマネージャーに昇進。板前で培った忍耐力を活かして活躍し、多くの部下を持つ立場となり、さらなる活躍に意気込んでいたが、ここでも大きな壁にぶつかった。

マネジメントの難しさを痛感したマネージャー時代

豊留さんのリーダーシップに、部下の誰も付いてくることができなかったのだ。

「俺がやっているところを見て勉強しろ」と背中を見せようとするが、部下たちの業績は一向に上がらなかった。経営陣のもとへは、「豊留さんには付いていけない、厳しすぎる」といった声も届き、ある時当時の常務に呼び出しを受けた。

「お前をマネージャーにしたのは、営業ができるからマネジメントもできるだろうと判断したからだと言われました。お前がやってきた営業は実績として認めるけれども、それをすべて押しつけても、部下はお前と同じようにはできないぞと言われました。

それを言われた時に、自分がハッと気づかされて、その後北海道から東京までの支社を全部見てこいと言われ、言われるがままに見て回りました」

各支社を見て回る中で気づいたのは、業績は決して芳しくなくても、朝から夕方まで社員はみんな一生懸命に考えながら営業活動を行っていたことだ。

部下の中には年上の社員も多くおり、これまでは心のどこかに「なんでこれができないのか」といった気持ちがあった。しかし、部下たちはみな懸命に結果を出そうとしていた。

全国の支社で、マネージャーと部下の働きを見ているうちに、これまでの自身のマネジメントを振り返り、反省することの多さに気づいたのだ。

「なぜ実績が上がっていないのかを考えてこなかったのです。理由や背景を部下から聞くことなく、部下がうまくいかない理由を把握せずに、一方的に指示を出していました。部下からすれば、現実にそぐわない指示をされても動きようがないわけです。

結局やらされる業務になっている上に、朝から怒られるので士気も上がらない状態。朝から頭ごなしに怒鳴られて、そんな気持ちで営業できるかと言われ、本当に頭を殴られたような気持ちになりました。

そこからは、一人ひとりとしっかり向き合うことを心掛けて、何が悩みなのかを聞くことも心掛けるようにしました。すると、こんなことに悩んでいたのかとか、こんなことがわからなかったのかと新たな発見が多くあったのです」

理想のマネジメントがすべてできたわけではないと語るが、管理職としての壁を越えた経験も、また自信の一つとなった。

37歳でライジングユニオンを起業。目標に掲げていた「社長」になる

その後、病院業界での人脈構築のため外資系医療機器メーカーに転職し、2013年6月に現在の株式会社ライジングユニオンの代表取締役に就任した豊留さん。社長の肩書きを持つことは、板前から営業職に戻った時に掲げた目標だった。

「40歳までに社長になると目標を立て、37歳の時に社長になりました。テレビのシステム会社で経験を積んだ後は医療機器メーカーに転職し、病院へ営業を行っていましたが、そ

こで知ったのは、病院は医療関係以外にも様々な事業との関わりを持っていることです。売店や自動販売機、自動車や清掃業者など、病院には様々な業者が出入りしており、医療機器以外にも様々な相談を受けるようになりました。

その中で思いついたのが、医療機器以外にも病院回りの様々な事業者を紹介できるコンサルティング事業でした」

ライジングユニオンでは、アメニティやランドリーシステム、パーキングや病院給食など、40を超える事業者との関わりがあり、病院に応じて最適な業務改善やコスト削減を提案している。就任から現在までに2度倒産の危機を味わうなど、決して平坦な道のりではなかったが、幾多の荒波を乗り越える原動力となったのは、少年時代から続けた野球の地道な練習だったと明かす。

「私の名刺の裏には『辛い時こそ突き進め』と書いていますが、現実逃避で板前になった時も会社が倒産しそうになった時も、何か自分を変えないと何も変わらないと思ったんです。実際、大阪桐蔭時代はレギュラーを獲るために、人と差をつけて人ができないことをしないと勝てないと思い、ひたすらベンチプレスをやっていました。そしたら、最終的には100キロまであげられるようになって体も大きくなり、飛距離も伸びてホームランが打てるようになりました。

会社が倒産しそうになった時も精神的に落ち込みましたが、動かなかったらお金も動きません。人ができないことをして、とにかく突き進むことが大事だと考えています」

また現在は、ほどよい着圧によって足つりやむくみ予防ができる5本指足部用サポーターの「フットラーク」や足部用サポーターの「キュットラーク」を販売している。多くの病院を回る中で、立ち仕事特有の悩みを抱える看護士たちの声を耳にし、悩みを改善するサポーターの開発に着手。商品化を進める中で、医療業界だけでなくスポーツの現場にも最適であることに気づき、3年前に「フットラーク」と「キュットラーク」を発売すると、医療業界とスポーツ業界を中心に営業を掛けていった。

商品を世に出した直後には、特許を巡って他社からの嫌がらせを受けたことを明かすが、そんな時に力になったのは、野球を通じて知り合った人からの励ましだった。

「東海中央ボーイズの竹脇賢二監督から『出る杭が打たれるんやったら、打たれへんぐらい杭を出したれ』と言われたんですよ。そういった言葉を掛けていただき、やっぱり野球界でのつながりはありがたいと感じました」

豊留さんは会社を一人で運営しており、「フットラーク」や「キュットラーク」の営業も一人で全国を回っている。ブランドを立ち上げた際には、各都道府県に販売店を最低1店舗作ることを目標に掲げ、大阪桐蔭時代と同様に『全国制覇』を目指して西に東に奔走。

特に西日本の営業は基本的にすべて車で移動する。昨年1年間の走行距離は何と24000㎞。今年も3月までに7000㎞ほど車で移動しており、商品が広まった現在では嫌がらせもまったくなくなったと話す。

「私一人で運営しているので、自分が苦しい時は野球でつながった方々からの助言は本当にありがたく感じます。ちょっと落ち込んだ時は、そういう方々に会いに行きますね。周りの人によく言うのですが、僕はマグロと一緒で止まったら死ぬと思っています。だから休まずに動き続けています」

全国を回る中で呼び起こされた、新たな夢

そんな豊留さんには新たな夢がある。高校野球の監督になることだ。

現在では「フットラーク」や「キュットラーク」の販売を通じて、多くの野球関係者と関わる機会を持っているが、そのたびに指導者としてもう一度グラウンドに立ちたいという思いが呼び起こされ、プレーヤーとして出場できなかった甲子園の舞台が、いまだに夢に出てくることもあると明かす。

「高校野球の監督をすることを目標に掲げていて、50歳までになると決めています。夢にまで出てくるということは、絶対自分の中でやりきってないところがあるんだなと思っています。甲子園の土を踏みしめる感触や、芝生の感触はいまだに足に残っています。それ

ぐらい特別な場所だったんですよ。

そのために、すでに動いてくださっている方もいます。今から高校野球の監督になるためには人と同じことをやっていてはダメだし、時間もありません。それこそ仙台育英の須江航監督の『1000日計画』のように期間を決めて緻密に計画しないといけない。

この10年間はまともに休んだことがなく、土日祝日は学校に足を運びますが、普段会えない人にも会えるのですごく勉強になります。だから逆に今は楽しいですし、つらいと思ったこともありません」

夢を持ち続け、困難にも挫けることなく突き進んできた豊留さん。

最後に高校球児へ向けたメッセージ

をお願いすると、野球から多くのつながりを築いた豊留さんらしい言葉を口にした。

「今野球をやっていることを当たり前に思わず、両親や家族にしっかりと感謝してほしいですね。親にならないとわからないことも多くありますが、恩返しの気持ちを忘れずに野球に打ち込んでほしいです。

社会に出ると理不尽なこともいっぱいありますが、身近な人への感謝を忘れないことで、周りからも感謝されると思いますし、いろんなつながりができてくると思います。

私も全国を回る時にたびたび感じるのですが、サポーターを買えることも当たり前ではありません。ご両親の頑張りや、子どもに野球を頑張ってほしいという親心があって、はじめて購入していただけます。

『当たり前のことを当たり前に思わず感謝する』、なかなか難しいことではありますが、是非普段の生活や練習の中で意識してほしいと思います」

挫折からの復活や2度の倒産の危機、他社からの嫌がらせを受けた時も、苦しい時に救ってくれたのは、決まって野球のつながりだった。

これからも感謝を忘れず野球のつながりを築いていき、豊留さんは新たな夢へと近づいていくだろう。

第9章

すべては肩のケガから始まった。ケガで苦しむ人、痛みを抱えている人を支え相手の声に耳を傾けていきたい

株式会社J-LIFE CREATION

福田潤社長

（長野県立松本深志OB）

ふくた・じゅん● 1983年生まれ、長野県出身　松本深志～青山学院大
株式会社J-LIFE CREATIONを2016年に立ち上げた。
現在は東京都世田谷区三軒茶屋に本社を構え、フィットネス事業を中心にしつつ、自身のお気に入りであるハワイに関連する事業も展開。今秋より六本木、西麻布に新たなブランドとして、「PRIVATE GYM EYL」をオープンさせる。

若者たちに「サンチャ」の愛称で親しまれ、人気の町として知られる東京・三軒茶屋。スポーツに興味がある人にとっては、少し離れた場所には駒澤オリンピック公園などがある町でも知られる。そんな三軒茶屋のマンションの一室に会社を構えるのが、株式会社J－LIFE CREATIONだ。

扉を開けると、入り口からハワイを意識した温かみのある雰囲気が漂う。そこで経営者と理学療法士という二つの顔を持つ人こそ、福田潤さんだ。清々しく、柔らかい口調が印象的で、大らかな人間であることが伝わってくるが、1983年生まれの福田さんは高校時代、野球に情熱を注いできた経歴を持っている。

元高校球児・福田さんは、いかにして今のポジションを確立したのか。そのエピソードを紹介したい。

助っ人から始まった野球人生

少年だった1992年頃、日本中にサッカーブームが巻き起こりつつあった。サッカー漫画の金字塔『キャプテン翼』の連載が始まったことをきっかけにサッカー人気に火がつき、初の国内プロリーグとなるJリーグが翌年の1993年に誕生するという時代を過ごしていた。

その影響もあり、小学生の時は休み時間にサッカーをするような子どもだったという。野球はというと、父とキャッチボールをすることと、テレビ中継で巨人の試合を見る程度の興味しかなかった。そんな福田少年は、ある誘いをきっかけに野球の世界へ足を踏み入れることになる。

小学3年の時だった。福田さんは友人から「人数が足りないから来てくれ」という誘いを受ける。その日限りの助っ人だと思っていたが、人生が大きく動いた。「初めて参加した翌週からチームの名簿にいつの間にか名前が入っていたので、やめられる感じではなかった」と、自分の知らないところで野球チームへの入団が決まっていた。

友人に半ば強引に野球を始めさせられた形となったが、次第に野球の楽しさにのめり込んでいく。

「野球のおかげで足が速くなって、運動会でリレーの選手にも選ばれるようになったんです。身体能力が上がって、技術も身についてくると、土曜日、日曜日にある野球の練習を楽しみに思うようになっていました」

礼儀に対する厳しさもあれば、和気あいあいとする楽しさもある中で、速くなった足と体の大きさを活かし、バッティングでチームに貢献できる選手に育った。中学校へ進学すると、部活動ではなく硬式野球クラブチームの松本南リトルシニアへの入団を決意する。

もともとは、軟式野球を継続するつもりだった。しかし、松本南リトルシニアの練習会に参加した日に、その意思は180度変わった。「硬式を打つ感触が好きだったんです」。たった1日で硬式野球の魅力に引き込まれた。その日のうちに両親へ硬式野球をやりたい、と熱い思いを伝えたという。

ただ、入団後には「怖い先輩が多く、上下関係に苦労しましたし、プレーでもスピード感が違いました」と苦労の日々が続いた。

チームの練習は土、日に加えて、平日水曜日の週3日。小学生の時に比べると、練習量が多かった。入団当初は付いていくだけで必死。それでも歯を食いしばり練習に励むと、最終的にセカンドのレギュラーをつかむまでに成長した。しかし、招待試合などではそこそこの戦績を収めるも、肝心の大会ではチームとして大きな戦績を残すことはできなかった。全国区の大会まで勝ち上がることができないまま中学時代は終わったが、厳しい練習に耐え、チームに次第に順応していく過程で、自分のプレーの土台が自然と築き上げられていった。

高校の進学先に選んだのは、松本深志だった。

松本南リトルシニアでは、長野県内の名門校・松商学園に行く選手が多かった。父が松商学園のOBだったこともあり、チームのレギュラーだった福田少年も当然、松商学園への進学は選択肢に入っていた。

実際に練習会にも参加して、松商学園への入学を真剣に考えていた。しかし、検討の結果、県内トップクラスの進学校を受験することに決める。

「当時の長野県では、佐久長聖や上田西、長野商などが強く、松商学園は甲子園の常連ではありませんでした。松商学園に行っても甲子園には行けない可能性が高いことは、中学生だった自分でもわかりました。だったら、大学進学を考えて勉強もしっかりやっていこうと思い、松本深志高校の受験を決めました」

松本深志へ入学し野球部へ入部。すると先輩のケガもあり、入学して2週間で3年生のチームの試合に出場させてもらうことができた。

先輩に代わって試合に出場することになった福田さんは、高校野球のレベルに適応するため必死にもがきながらも、中学時代の経験を活かして結果を残す。高校野球を経験した人であれば誰もが憧れるような、順風満帆なスタートだった。しかし現実は甘くない。やがて順調だった高校野球生活に狂いが生じはじめる。

満身創痍でもたどり着いた4強

「ケガで休んでいる先輩の代わりに、試合に出させてもらっているという気持ちでプレーをしていました。しかし6月頃に、頑張りすぎて右肩を痛めてしまったんです。1年生で試合にも出させてもらっている立場で『痛いから練習休みます』とは言えず、我慢しながら練習を続けていました」

痛みを隠して練習を続けていたが、次第に右腕が上がらなくなった。ついには食事をするにも顔を近づけなければ食べられず、左手で食事しなければならないほど、右肩の状況は悪化してしまった。肘、肩を消耗しやすい投手であればよく聞く話だが、野手でここまでの状態になるのは珍しい。

右腕が使えない福田さんだったが、1年生ながらその実力はチームのみんなが認めていた。次第に代打としての起用が増えたが、期待に応えようと痛みと戦いながら必死でバットを振った。しかし、夏大会直前でベンチから外れ、高校球児としての初めての夏は、スタンドで先輩たちを応援することになる。

夏が過ぎ、上級生が引退。新チームから再びベンチ入りを目指すこととなったが、肩の痛みが引くことはなかった。

「手術するほどではないと思っていたので、月に2回ほど痛み止めの注射をして、無理やりやっていました」

痛みへの恐怖心が、パフォーマンスにも悪影響を及ぼす時期もあった。右肩を気にする福田さんが投げるボールは、たびたび狙いを大きく逸れた。それは、監督から「捕るまではいいけど、そこからが不安だ」と言われてしまうほどだった。

本来は、そんな状態になるまでプレーを継続せず、一旦グラウンドを離れるべきだった。それでも「自分の存在意義は野球しかないと思っていたんです」と福田さんは振り返る。

「大学進学のために入学した松本深志でしたが、県内で一、二を争う進学校なのでみんな頭が良く、勉強のレベルがとても高かったんです。そんな中で、野球と勉強を両立することができませんでした。初めての定期テストでは、世界史で100点満点のところ7点しか取ることができなかったんです。それで、もう自分は野球で結果を出すしかないと思っていました」

自分の存在価値を周りに示すため、その後も右肩のケガを誤魔化しながら試合に出続けると、2年生の夏、新チームの主将に就任した。ここでチームのトップに立つ人間として、様々なことを学ぶことになる。その最たるものがコミュニケーションだった。

「下級生の時から、松本深志は先輩に対して話しやすい環境だったんです。上下関係を気にすることなく技術的な指摘が飛び交う。たとえ指摘したのが後輩でも、先輩は耳を傾ける、という文化がもともとありました」

リトルシニアリーグ時代には厳しい上下関係を経験した福田さんだったが、松本深志では質の高いコミュニケーションの中心に身を置くことができた。さらに、主将という立場は「習うより慣れろ」を地で行く、実践の機会を多く得ることができた。

「主将の役割として、監督と練習メニューを決めることがあったので、昼休みは必ず監督のところに行って話し合っていました。なぜその練習をするのか、どういう意識で臨んでほしいのか、それを部員たちに伝えるのも自分の役割でした。日々、伝えるという作業を繰り返すことでコミュニケーションの能力が鍛えられました」

オフシーズンこそ、肩のリハビリも兼ねてチームから一時離れたが、高校3年生の夏には、県大会でベスト4に進出。当時2年生だった金子千尋（現北海道日本ハムファイターズ）擁する長野商に準決勝で敗れるも、4強は学校として50数年ぶりとなる快挙だった。

「大会前には左手親指を骨折してしまったので、ギプスをつけて夏の大会に臨みました。大会期間中には、骨折に対する痛み止めを服用した影響で体が水分を吸収せず、体温が39℃のまま下がらないいわゆる熱中症で一晩病院に泊まることもありました」

まさに、満身創痍の状態で大会を勝ち進んだ。準決勝進出を決めた時のことは、今でも鮮明に覚えている。

「シード校を2校倒さないと準決勝には進めなかったので、準決勝まで勝ち上がれるとは思っていませんでした。準々決勝では、バス16台の全校応援でみんなが球場に来てくれる中で試合に勝ち、ベスト4に進みました。ただ、その時に喜びすぎてしまったかもしれません。準決勝では油断していたと思います」

それでも主将としてプレーだけではなく、これまで以上にコミュニケーションをこまめに取り、チームを一つにまとめる形でベスト4進出に貢献するなど、最後の夏は大きな経験を積むことができた。

「高校野球では、人への指示の出し方を学ぶことができました」

常に痛みを抱えながらプレーを続けた2年間。そして、チームメイトや監督と綿密に会話を重ねた主将という立場。それらの経験が、経営者となった今でも活かされている。

大学3年から始まったトレーナーへの道

夏を終えると受験勉強だ。それと並行して、最後の夏の大会で県ベスト4まで勝ち上がったこともあり、大学からセレクションの知らせも届いた。その中で、青山学院大野球部のレベルの高さや、日本一になるための活気と緊張感ある雰囲気に一目ぼれした。迷わず受験を決め、見事現役での合格を果たした。

野球部に入部し、寮生活が始まった。入部してすぐ、大学野球のレベルの高さに衝撃を受けた。当時4年生には、2000年シドニーオリンピックの日本代表（出場時は3年生）に選出されていた石川雅規投手（現東京ヤクルトスワローズ）がおり、オフシーズンになれば、当時プロの第一線で活躍するダイエー（現ソフトバンク）の小久保裕紀氏や井口資仁氏が、OBとしてグラウンドで練習する環境だった。

先輩をはじめとした大学野球の、今までに経験したことのないスピード感。凄まじい打球を放つパワフルなプレーの数々に、レベルの高さを痛感した。この環境で自分が活躍するためには、自らの全力を発揮できなければ始まらない。そう考えた福田さんは、最初のうちは練習には参加せずに、まずは肩を完治させることに専念しようと思っていた。

「関東の大きな病院に行けば、右肩のケガも治せるはずだ」と期待していたが、あまり部員がいなかったことから、福田さんが思うよりもはるかに早く練習に参加できることになった。もちろん、ケガは治癒していなかった。

松本深志時代と同様、練習機会をもらいながら「練習を休みます」とは言えなかった福田さんは、再び肩の痛みをこらえながら練習を続けた。結果、高校時代からの肩の痛みが一向に治らず、次第に自信もなくしていく。そして、大学2年目が終わるタイミングで、現役を終えることを決意する。

「日本一を目指しているチームに籍を置きながら、ケガで思うようなプレーができず、レギュラー争いにも加われない。下級生にも良い選手がたくさんいるのに、自分がいつまでもここにいたらチームの邪魔になると思い、引退を決めました」

一つだけ問題があった。選手を退くと、寮を出ていかなければいけない。そのことも含めて、両親に引退についてどう伝えようか。福田さんは思案しながら親と話をしていたが、その時の様子を察してか、予想していなかった言葉を掛けられた。

『あんたの好きなことをやってみたら』

「両親ともにバスケをやっていたので、私が中学に進級した時にバスケをやらせたかったようなんです。それでも私が野球をやりたいと言ったら、意思を尊重して背中を押してくれた。そして大学で野球をやめようと考えた時も、好きなことをやってみたら、と言ってくれた。いつも応援してくれる両親の存在はありがたかったです」

自分が好きなこと、したいこと。その時、ケガで苦しんでいた高校生の頃の記憶が、福田さんの中に蘇った。

「高校2年生の冬にチームから離れ、リハビリを兼ねてトレーニングを個人的にやっていたんです。おかげで体重は10キロ増えてスイングスピードも上がったんですが、肝心の肩のケガは良くなりませんでした。その時は知識がなくて、闇雲にマシンを使ったトレーニングや走り込みをやっていただけでした。だから、『困った時に相談できるようなちゃんとした知識を持った人が必要だ』と思ったんです」

高校時代、自分がケガで悩んだ時に相談できる相手がいなかった。自分で対処するにも正しい知識がなく、ただケガに苦しみ続けていた。そんな自分と同じようにケガで苦しむ人を自らの手で救いたい。近くで相談に乗り、正しい知識を伝えたい。こうした思いが蘇り、トレーナーという職業を目指すことを心に決めた。

その後、福田さんは野球から離れ、代わりにトレーナーとしてチームに残りたいという願いを監督に伝えた。「はじめのうちは、監督としては『いつでもストレッチやマッサージをやってくれる人ができた』くらいに思ったんじゃないでしょうか」と振り返るが、この経験がのちに「社長」として活きる。

「日本一を目指すチームのリーグ戦、そしてキャンプにもトレーナーとして帯同できて、先輩にもフィジカル面でトレーニングの指導ができる。プロのトレーナーの方にもご指導いただけて、なおかつ監督にも名前を覚えてもらえる。自分の居場所ができた感じがしましたし、スポーツトレーナーの勉強にも力が入りました」

行きたい場所に自分の力で行けるようにしたい

トレーナーに転身後、青山学院大学を卒業すると、横浜リハビリテーション専門学校に入学した。トレーナーになるという新しい夢を叶えるために、本格的に勉強を始めることになるが、実は就職活動を通じて、すでに1社から内定をもらっていた。「仕事をしながら、理学療法士になるための勉強をしよう」と考える時期もあった。

自分の将来について揺れ動いていた時、再び両親の言葉が福田さんの進むべき道を照らし出す。

『それでいいのか。そんなに甘い世界ではないでしょ』

「実は、私は反抗期に親に強い反発心を持っていました。サラリーマンの父を持つ一般家庭、という在り方に違和感を持っていました。堅苦しいスーツを着ての会社勤めは自分にはできない、と。サラリーマンではない働き方をしたいと考えていました。にも関わらず、意思を尊重してくれるだけでなく、気づきを与えてくれた。両親の言葉は、本当にありがたいものでした」

内定は辞退。専門学校に進み、国家試験の合格を目指して4年間勉学に励んだ。卒業後は特定医療法人慶友会慶友会整形外科病院に就職して、理学療法士として現場での経験を積んでいく。

「早い日には朝6時に病院に行き、勉強会やカンファレンスに参加します。そして診察時間になれば、1日平均して20人前後は担当する。忙しい環境でした。当時はリハビリテーションが広く認知され重要性も理解されはじめていて、業界としても盛り上がってきたところでした。それに、周りの方々からは信頼をしていただいたので、期待に応えようと思っていろいろなことを勉強させてもらいました」

その中で、専門外であるレントゲンの撮影方法、画像の見方も学んだ。そこで初めて、自身の現役時代を苦しめた肩のケガが骨折だったと知ることにもなった。「今なら肩を痛めない投げ方がわかりますけど、骨折だということは、もっと早く知りたかったです」と少し残念そうに振り返りながらも、多忙を極めた当時にどこか満足している様子もあった。

福田さんは充実した日々を過ごすが、ある時ハワイへ留学することを決める。

「勉強するために英語の論文を読んでいたのですが、最先端の事例を知るには自分の英語力では足りないと感じました。運のいいことに、大学時代に修めた経営学の学位を使ってインターンシップでハワイに行くことができ、2年間向こうで勉強しました」

もともと、大学の卒業旅行でホノルルマラソンに参加したことをきっかけに、ハワイが好きになり、「仕事で来られたらいいのに」という気持ちがあった。インターンシップの条件であったマーケティングの勉強をしながら、英語も学ぶことができた。その中で経営者としての人生を始める決心が固まっていく。

「自分の場合はハワイでしたが、それぞれが行きたい場所に自分の力、自分の足で行けるようになるのが一番だと思うんです」

「現代社会は人生100年といわれていますが、健康寿命が短いという新しい問題も生み出しました。体が資本でもありますので、自分がトレーナーとしてお客さんを治療して、お客さんが行きたい場所に自分の力で行けるようにしようと思ったんです。だから弊社はケガに対する治療だけではなく、フィットネスを通じて土台を作って、みなさんが健康を維持できることも視野に入れ、事業を展開しています」

自分に対して何を求めているのか

現在はフィットネス事業を中心に置きながら、ハワイで2年間生活していたことを活かして、自らがドライバー兼現地ガイドとして連れて行くオリジナルツアーをプランニング。マラソンイベントの開催なども手掛ける。

さらに友人からは、新婚旅行を福田さん独自にアレンジしてほしいといった要望をもらうなど、自身のお気に入りのハワイに関連する事業も展開している。経営して5年目となるが「想像以上に大きくなりました」と成長速度に驚きを感じている。

福田さんが、仕事上で大事にしていることがある。

「病院の時は、患者さんが自然と集まってきましたが、自営業は違います。まずはお客さんに来てもらえるようにしないといけないので、まずは自分を売ること。起業1年目、経営者になったので新規開拓をしないといけないと考えました。そこは苦労しましたが、一つだけ決めているのは、人との接し方、関係性を大事にしようと思っています。

今はトレーナーがたくさんいますので、お客さんがリピートしてくださる決め手になるのは、お店の雰囲気はもちろんですが、トレーナーとの相性だと思っています。表面上の言葉でお客さんの気持ちを盛り上げるのではなく、とにかくお客さんが何を求めているのかを考えること。決して自分を押しつけることなく、何を望んでいるのか考えて、それに合った話ができるかということを心掛けて仕事をしています」

相手から自分がどう思われているのか。相手は自分に対して何を求めているのか。自分の両親がしてくれたように、顧客の背中を押すためには、どんな提案をすることがその人にとってベストなのか。相手の立場になって寄り添い、そして的確な提案をする姿勢が心をつかみ、口コミで広がっていった。現在は顧客の9割が経営者だという。

経営者と、野球という競技には共通点があると語る。

「小学生の時からずっと守っていたセカンドが好きなんです。セカンドって、気づかないところで頭を使ってプレーをしているんです。バッテリーの配球や、バッターの構え方でポジショニングを変えたり、状況に応じて捕球してからどこへ投げるとか、いろいろなところにアンテナを張ったりして集めた情報を集約してプレーする。経営者もいろいろな情報を集めて、枠にとらわれずに情報発信をする。そんなところはお客さんと話す際には活きています」

打ち込める時間を大切にしてほしい

松本深志時代には主将として、監督や選手と綿密にコミュニケーションを取ってきた。また青山学院大時代にはトレーナーとして、野球部の選手だけでなく、様々な競技の選手たちとも会話をしてきた。その経験がすべて今に活き、現在は健康のためのアドバイスで多くの人たちの背中を押している。

「自分は独学に近いところからトレーナーとしての第一歩を踏み出して、今では自分が好きなことを追求して、大好きなハワイでも仕事ができるような事業を展開しています。だから慕ってくれるトレーナーが、目標達成のために何か悩んでいたら『ちょっと踏み出すだけだよと。やればいいじゃん』と思って話しています。お客さんでも同じです。病院から『走らないでください』と言われても、自分は大丈夫だと判断したら『走っていいですよ』と背中を押します。やらないことは簡単ですが、やってみてわかることもありますし、そっちの方が楽しいと思うんです。ケガを抱えていても、限界まで頑張ったから松本深志で3年夏にベスト4に入り、青山学院大に入学。そこでトレーナーになれたのと同じで、できる範囲で頑張ることが大事だと思うんです」

高校時代の自分へメッセージを送るとすれば、どんな言葉かと質問すると「一歩踏み出すことが大切。油断をせず、調子に乗らず」と言った後、「あとは準決勝のオーダーはもう少し話し合ってほしい」と笑った。

「最後の試合で活躍できなかったのはもちろん悔しいですが、骨折の影響から6番で出続けていた自分を急に3番に上げたのも反省点ですし、これまでずっと投げてきて疲れていたエースを休ませることも考えたかった。練習試合では強豪の長野商を抑えていた、一つ下の投手を起用してもよかったんじゃないかと。勢いでオーダーを決めてしまいましたが、冷静になって監督と話し合った上で、オーダーを変更していればよかったという後悔はあります」

最後に、今の球児たちにメッセージを送った。

「野球に集中して突き詰められるのは、今しかできない貴重なことです。高校球児の感じている忙しさと、経営者の忙しさは全然違いますが、当時の経験は社会人になっても活きてくる部分だと思います。だから勝ち負けの結果は別として、体には気をつけながら集中して打ち込んでほしいです。体のことで困ったら相談してください」

株式会社J-LIFE CREATIONは今秋より六本木、西麻布に新たなブランドとして、パーソナルトレーニングジム兼ヨガスタジオとなる「PRIVATE GYM EYL」を開いた。健康をはじめ情報が簡単に発信できる現代だからこそ、福田さんは「みなさまには自分で考えて見極める強さを持っていただきたい」と願っている。

その一方で、福田さん自らがこれまで以上に多くの顧客に対して、経験に基づいた知識や技術をパーソナライズした形で届けたいという気持ちも強くあるのだという。チャレンジへの意欲と強い信念を持つ顧客に寄り添って背中を押したいという一心からの、新たな試みである。

肩のケガから始まり、トレーナー、そしてハワイへの留学。すべてがつながり、経営者の現在までたどり着いた。

苦悩を重ねたからこそ、「福田少年」は「福田社長」へと生まれ変われた。これからもお客さんに寄り添いながら、野球を通して培った対話力で多くの人をサポートしていく。

第10章

野球での完全燃焼を経て
浮かんだのは父の顔。
創業120年の家業を継ぐため
『一志団結』で組織作りに挑む

株式会社ハウジング重兵衛

菅谷重貴社長

（千葉県立佐原OB）

すがや・しげき ● 1982年生まれ、千葉県出身　佐原～青山学院大
株式会社ハウジング重兵衛に2011年に入社し、2019年に６代目として社長へ就任。現在は千葉県成田市に本社を構え、住宅の販売やリフォーム、増改築・リノベーションなどを中心に事業を展開。『一志団結』を企業理念に掲げ、千葉県と茨城県を合わせて８店舗開いている。

アグレッシブ、エネルギッシュ、そして情熱的――。

今回の取材を通じて感じた印象だった。

高校野球屈指の激戦区・千葉県の成田市に本社を構え、主に住宅の販売やリフォーム、増改築・リノベーションといった業務を中心にして展開する株式会社ハウジング重兵衛。創業120年を超える伝統のある企業だ。

歴史ある会社の舵取りを任されているのが、6代目となる1982年生まれの菅谷重貴さん。終始笑顔が絶えなかった取材が19時過ぎに終わると、菅谷さんはすぐさま出かける準備を始めた。「この後、新店舗の様子を見に行かないといけないので」と、本社の成田市から車で1時間ほど離れた柏市内の店舗まで移動していった。

子どもたちの待つ家で家族と過ごす時間を

我慢し、嫌な顔一つせず職場の仲間たちのもとへ駆けつける。仲間たちのいる現場を第一に考え、自ら足を運ぶ仕事熱心な社長だ。

そんな菅谷さんは高校時代、地元・千葉の佐原高校で高校野球に打ち込んだ。チームメイトを思いやることを覚え、そしてさらに野球が好きになった。仲間の大切さを知るということにおいて、3年間の経験は経営者となって大きな意味を持っている。

お客様はもちろんだが、仲間のことを想って仕事に打ち込む。それが菅谷さんの仕事の根幹であり、さらにそのすべての土台にあるのは、高校球児だった佐原での3年間だったと振り返る。菅谷さんの野球人生の始まりから遡っていきたい。

「井の中の蛙」だった野球人生

野球人生の始まりは小学4年生からだ。それまではというと、「夏になれば水泳、冬は駅伝。また、それ以外にも普段からバスケや陸上など、運動神経がよかったので、いろいろなことをしていたこともあって、毎日忙しくしていました」と言う。

菅谷家は代々運動神経が良く、菅谷さんもそのDNAを受け継ぎ、町内では一、二を争うほどの運動神経の持ち主だった。そんな菅谷さんは、地元の先輩が野球クラブにいたことをきっかけに、4年生から野球人生の第一歩を踏み出すことになった。

持ち前の運動神経の良さに加えて、負けん気の強さを前面に出したプレーをモットーに活躍。入団したチームは、厳しさは当然あり、叱られることももちろんあったが、創造性を尊重する自由な環境だった。その中で野球の面白さに気づき、のめり込んでいく。

中学校に進学をした際も、運動神経の高さを知ってのことか、バスケットボール部や陸上部からも熱心な勧誘を受けたそうだ。しかし、「早くから活躍できるだろう」と小学生の時に魅了された野球を継続することに決めた。小学生の時と変わらぬプレースタイルで主将に就任して、県大会にも出場した。

「負けず嫌いでしたので、人の上に立って指示を出したり、リーダーシップを発揮したりするのは好きでした。ただ、自分のことばかりを考えて、チームのことまで考えられていませんでした。チームのことが見えるようになったのは、高校に進学してからでしたね」

そんな菅谷さんだが、高校へ進学する際は、いくつかのチームから声が掛かっていたという。それだけの能力があった証拠だが、心の中では進路は固まっていた。当時から強豪として知られ、今もなお大会では注目される銚子商が第1希望だった。

学校から渡された進路票にも、第1希望に銚子商を書いていた。それだけ絶対的な存在だったが、地元の進学校・佐原から推薦入学の誘いが来たことで事態は変わる。

「(佐原が) 進学校だったということで、『そこからの推薦を受けておいて、別の学校に進学する選択肢はない』という感じで、親に進路票を燃やされてしまったんです……。なので、自分の中では納得しきれませんでしたが、周りから強く推されるまま佐原に行くことになりました」

佐原に入学後、当然野球部に入ると、幸いにも同級生には地元で有名な選手ばかりが揃っていた。「このメンバーなら高校野球でも頑張っていけそうだ。これからが楽しみだ」。周りのメンバーの顔ぶれを見て刺激を受けた。半分諦めかけていた気持ちが奮い立った。

ただ、そんな情熱とは裏腹に、高校野球人生は上手くいかない。

まず1年間は公式戦に出場するどころか、ベンチ入りすらできなかった。毎日10キロ走るなど、「今にして思えばあまりいい練習ではなかった」と語る下積み時代が続いた。

幼い頃から駅伝で鍛えられていたおかげで体力はあり、走る練習も苦ではなかったが、チームの環境では面食らったという。

まず、スポーツ推薦で実力ある選手があまり入学してこない。なおかつ先輩たちのプレーはレベルが低く、「正直驚く部分もたくさんありました」と当時の衝撃を、今も鮮明に覚えているほどだった。

そんな環境だったが、「甲子園に行きたい。一つでも上へ勝ち上がりたい」とこれまでと変わらない気持ちの強さを支えに練習を重ねていた。それが逆に仇となり、「気持ちが前に出すぎてしまって先輩と喧嘩することもありました」と、チームの和を乱す結果になることもあった。

「当時は『俺のやることに文句は言わせない』みたいな雰囲気を、わざと自分から出していました」と周りを近づけず、自分のことだけを考えていた。心を一つにすることを重んじる、仲間思いの今の菅谷さんとは真逆といっていい高校球児だ。

そんな自分の姿を「井の中の蛙でした」と言う菅谷さんは、いかにして大海を知ったのか。それは高校野球最後の1年が大きく関係していた。

友の一言が今の自分を作った

上級生が引退して自分たちの代になると、菅谷さんはチームの副主将に任命された。

「当時は主将になれなくて悔しかった」と話すが、チームの幹部として運営に携わる。同時にサードのレギュラーにもなり、スタメンとして公式戦に出場することができるようになってきた。

ベンチ外から中心選手へ。環境が少しずつ変わってきたが、「チームの運営に携わった記憶があまりない」と、あくまで自分のことで精一杯。副主将になっても「甲子園に行きたい。一つでも上へ勝ち上がりたい」という強い思いに変わりはなかった。

もちろん、それがあったからこその成長もある。こだわりを持っていたサードから外野にコンバートされたことで、得意だった打撃に専念できるようになった。その時にウエイトトレーニングに打ち込んだ成果もあり、引退までの3、4ヶ月で11本もホームランを打てるようになったという。

それまで1本も打てなかったホームランを、一冬越えていきなり11本も打つようになるには、並大抵の努力では不可能だ。こうした面に関しては、生まれながらの気持ちの強さの賜物といっていいだろう。

ただ、経営者・菅谷重貴にとってもっと大事だったのは、3年生になってからチームメイトに言われた一言だった。

「高校野球の一番の思い出なんですが、3年生になったある時、今でも仲の良い友人からこんなことを言われたんです。『みんなお前に我慢しているんだ』って。

チームメイトから初めて自分に対する本音を言われて、周りの人たちの気持ちをまったく考えていなかったことに気づきました。とんがっていた当時の自分でしたが、少しずつチーム全体のことを考えるように意識を持ちはじめました」

実力の限界を知り、情熱を仕事へ

このことをきっかけに、仲間の大切さに気がついた菅谷さんは、高校野球最後の夏を県大会ベスト32で終えると、卒業後は青山学院大学の夜間部への進学を決心した。

チームメイトへの気づかいを考えはじめたばかりの菅谷さんにとって、大学野球の厳しい上下関係のある世界に飛び込むことは恐怖でしかなかったと振り返る。「1年生の時は、先輩たちに対してとにかくビビっていました」。佐原での苦い思い出は、深く心に突き刺さったままだった。ただ、その恐怖以上に野球への情熱が菅谷さんを支えた。

「高校の時、ウエイトトレーニングを通じてバッティングが良くなりましたし、当時は『監督が違ったらもっと勝てたはず』と、チームが勝てなかったことを他人のせいにして、納得できていなかったんです。プロ野球選手になるという夢も捨てられなかったので、厳しい環境でも野球を続けることを決めました」

朝から日が暮れるまで練習し、夜になれば大学へ行って講義を受ける。学校が終わって帰宅するのが深夜になっても、素振りをしてから就寝するのを日課にしていた。本格的にトレーニングにも力を入れて体作りに励むなど、プロ野球選手を夢見て、大学生活を送ってきた。

しかし、青山学院大学は強豪校。全国有数の実力者が集まり、プロ野球選手も数多く輩出している。そこで菅谷さんは、全国レベルのプレーに触れ、野球界の広さを次第に知ることになる。

「小久保（裕紀）さんや石川（雅規）さんとキャッチボールをして『これがトッププロのプレーなのか』と知りました。

また青学は自主練習が多かったですし、全国の名門校出身の選手たちが集まり、身体能力が高いだけじゃなくて、野球を知っている人が多かったんです。そういう選手たちと比較して、自分の取り組みや考えの甘さを痛感しました」

だからこそ、高校時代の自分に対して「ないものねだりをするな！　と言ってやりたいです」と振り返るが、大学4年生になる前に、自ら引退を決意した。プロ野球を志すには実力が足りないと感じたのだ。

「大学2年生までに結果を残せないようなら、プロになるのは厳しいだろうと思っていましたが、結局新人戦に出場するのが精一杯で、リーグ戦に出場することはできませんでした。だから、単純に実力が足りなくて、大学でやるには厳しかったんだと思いますが、小学4年生から始めた野球から離れることになり、それまで一心不乱に打ち込んできた野球がなくなって、自分を支えるものがなくなってしまった状態でした」

菅谷さんは考えた。野球に代わって自分が情熱を注げるものとは何か。考え抜いた先に見つけた答えは父親の存在だった。

「小学4年生から大学まで、野球をやらせてくれた父親のことを思い出したんです。父の仕事ぶりを幼い頃から見てきて尊敬もしていました。そんな父と一緒に働いて、会社を継ぎたいと思いました」

仲間の大切さに気づきはじめる

会社を継ぐことに決めた菅谷さんは、大学最後の1年間は仕事を手伝いながら、父親の経営する会社で社会人生活をスタートさせようと準備を進めていた。

しかし、株式会社ハウジング重兵衛の当時の社長であった父に思いを話したところ、「会社としてもまだ準備ができていないから、もう少し待ってくれ」と断られてしまう。大学卒業後は、同業でハウジング重兵衛とのつながりも深かったという株式会社リバティホームへ就職した。

父の会社を受け継ぐための下積みを、リバティホームでスタートさせた菅谷さん。入社してすぐ「3年間で10年分の仕事をやって、やめます」と宣言し、自ら厳しい条件を課して仕事に精を出していた。

それによって「3年でやめる人間だから」と冷たくされることもあったそうだが、事情を理解してくれた先輩たちは、営業のノウハウを丁寧に教えてくれたという。その中で、ハウジング重兵衛の理念である『一志団結』にも通ずる「お客様のために一生懸命やれば、その思いはお客さんに伝わる」ということを学んだ。

菅谷さんの中で、佐原での経験とリバティホームで学んだことが次第につながり、再び仲間の大切さに気づきはじめる。

「まったく知識も経験もない状態でリバティホームに入社しましたが、3年目には紹介件数1位になれたんです。それは、先輩が営業のやり方を丁寧に教えてくれたからであり、担当地区のことを一生懸命勉強したことで仕事を任されるだけの信頼を得たからです。そういう自分になれた理由は、契約を取るためではなくお客様のために働いたからでした。研修や現場で学んだこと、もっといえば高校時代に友人に叱られた経験から、人の気持ちを考えるようになったことも活きていると思います」

菅谷さんは、当時全国で10棟目とまだ数少なかった木造耐火建築物の担当となり、完成までこぎつける。それは、菅谷さんなりの仲間を大切にする心の結晶だったという。

通常であれば、鉄骨や鉄筋でしか建てられないような条件の厳しい場所に、木造で耐火建築物を建てるのだ。申請時は日本にまだ1棟しかなかったことから、その難しさが窺い知れよう。

施工主の思いを汲み、設計士や現場で働く職人まで、関わる全員がコミュニケーションを取って連携しなければ成し得ないことで、「自分中心」では絶対に不可能な建築だった。佐原時代までの菅谷さんでは、完成させるのは難しかっただろう。「あれは印象的な1棟でした」と誇らしげに振り返るのは、「自分中心」だった高校時代からの自身の成長を象徴していたからにほかならない。

真の仲間たちとともに200年続く企業に

その後、大学時代に取得した宅建の資格を活かせる三井のリハウスに転職。不動産の売買ノウハウを学んだ後、2011年から株式会社ハウジング重兵衛に就職。最初の1年間は職人として、現場で働く日々を送った。

これまで営業中心の社会人生活を送ってきた菅谷さんにとって、初めて現場の仕事を体感することになる。当時は東日本大震災が発生したことも重なり、200~300件の既存顧客の瓦の修復を中心に1年間ひたすら働いた。

おかげで体重は10キロも減ることになってしまったが、「現場を知ることができたのはよかったと思います」と振り返る。現場での仕事を通じて、会社の仲間たちのことをより深く知ることができたからだ。

２０１２年からは会社の経営に少しずつ携わるようになり、２０１９年に創業１２０年を迎えたタイミングで、菅谷さんは会社のトップに立った。

「新入社員は家族、チームメイトと同じだと考えています。野球だって技術を磨くだけではダメで、人としてどうあるべきなのか、人間形成がしっかりしていないと信じられない逆転劇も、周りに感動を与えるようなチームにもなれないですよね。

会社もそれと同じで、真の仲間を作ることが大事だと思うので、会社説明会で自分は１時間かけて丁寧に話をしますし、面接も自分が一番初めにやります。そこで価値観や考えが一致しないと採用しません。ウチに向いていないと思ったら、素直に言って別のところを勧めます」

できる限りお互いのことを理解し、そして相思相愛となった仲間だけを迎え入れる。仲間の存在がどれだけ大切なのか。佐原時代、そして社会人時代の経験を積んで菅谷さんは身をもって理解しているから、人一倍採用に対して力を注いでいる。

そんな自らのスタンスを「就活生の応援者ですね」と菅谷さんは表現する。

「ある就活生を面接した時のことでした。大学まで続けてきたサッカーを継続するか悩みながら、弊社の採用試験を受けに来た学生がいました。彼の思いを聞き『サッカーをやりきってからウチへ来い』と伝え、内々定という形で特別に採用を決めました。本人が納得するまでサッカーを続けてもらった上で、引退後に入社できるようにしたんです」

結果的にその学生は自分が納得するまで競技人生を歩み、現在はハウジング重兵衛の社員の一人として精力的に働いているという。他の企業では考えられないような採用方法ではあるが、建築というチームワークが求められる仕事だからこそ、本当の意味で『一志団結』できる仲間と認めたなら、常識にとらわれることなく徹底的に寄り添うと決めている。

その成果を表す具体的な数字がある。ハウジング重兵衛は、妊娠や寿退社などを除けば退職者が非常に少なく、離職率は約3％だ。建築業界では珍しく、女性や未経験者が多いことでも有名になっている。

『一志団結』のもとに集まった仲間たちとともに

菅谷さんは現在、仲間たちのことを「相思相愛の家族やチームメイト」と考えて日々会社経営をしている。

「会社を継ぐ準備は前々から進めてきましたので、120年続いていることに変な重圧は感じていません。その代わり会社を長く続けていかなければならないことに、プレッシャーを感じていますと、伝統をつないでいくことに強い責任感を抱いているという。

「会社を永続的に続けるためにも、コロナのせいで売り上げが下がっていっては、先代である父に心配をかけてしまうので、経営悪化で心配をかけないように気をつけて指揮を執っています」

この難局を乗り切るために、菅谷さんが企業理念として掲げて大事にしているのが、先ほどから何度が出てきている『一志団結』という言葉だ。

「住宅関係の仕事なので、それぞれ違う現場に赴くことになりますが、いる場所は違っても全員が『お客様により良いものを提供する』ことを目標にして、心を一つにして頑張る。そうやって仕事をしていれば、結果はついてくると思っています」

建物1棟を建てるためには、設計士や現場、そして関連会社と多くの人が関わり、やっと完成する。お客様に対して納得してもらい喜んでもらうためにも、まずは会社全体が心を一つにする。より良いものを提供するためには、ハウジング重兵衛の理念である『一志団結』の精神を貫くことが、何よりも大事であり、会社を永続的に続けていくという課題をクリアするためにも必要な精神だと考えている。

「会社経営の一つの方法として、少数精鋭にしてお金儲けだけを優先する方法があります。しかし、それだけではなく、お客様に喜んでもらえるようなサービスを提供し続けられなければ、会社を続けることは難しいと考えています。ですから、『一志団結』するために、社員と過ごす時間を大切にしています」

新型コロナウイルスが蔓延する以前は、休日に社員とともに出かけるなど時間を共有することでチームワークを高めてきた。

さらに経営体制も整備した。ハウジング重兵衛を筆頭に、外壁、屋根塗装や雨漏り修理などを専門としている塗装屋ぬりべえ、新築、注目住宅を扱っているfun's life homeといったハウジング重兵衛グループ内にいくつかの専門店を作った。時代のニーズに応え、お客様の要望への柔軟な対応を可能にする一方で、会社の軸となり得るグループ会社を増やすことで、成長の可能性を広げた。

同時に、社員に対しては会社の幹部になれるチャンスを増やし、やりがいを与えている。お客様はもちろん、社内の仲間たちに対して考えた上での120年を超える伝統を続けようとしている。

そのためにも、販売の方法に関してもこだわっている。『一志団結』の意志に基づき、競合他社との差別化を図るべく、ハウジング重兵衛が大事にしているのが、お客様に体験をしてもらうことだ。

「ウチはすべてお客様が体験、経験、実物を見て買い物ができるように、ショールームの形で販売をしています。従来はショールームと事務所がセットになっているような状態でしたが、自分が経営に携わるようになってからはショールームだけにして、実物を体験していただける形にしました」

そんな菅谷さんが、今の高校球児たちへメッセージを送る。

「せっかくやるのであれば、高い目標に向かってやりきってほしいですね。僕の場合はプロ野球選手を目指して大学まで挑戦を続けました。それでダメだと納得ができたので、切り替えて仕事に就くことができました。

自分がこれだと思って進んだ道をやりきれば、やりきったことに自信を持つこともできると思います。実際にそういう人の方が達成感や充実感に満ちた、さっぱりした表情で社会に出て、ビジネスの世界でも活躍していると思っています」

取材を終えて千葉県・柏市の店舗に

移動する前に、菅谷さんは幼い頃から見てきた父の働く姿を感慨深く思い出したと言い、こう語りはじめた。

「心が通じ合った仲間たちと切磋琢磨している父が、キラキラして見えたんですよね。住み込みの大工を雇って、その人たちを父が仲間として鍛えている。その姿が、羨ましく見えて。『自分も父のように仲間を大切にしたい』と思っていたのを、今さらながら思い出しました」

『みんなお前に我慢しているんだ』

この一言から、菅谷さんの世界は変わりはじめた。自分中心ではなく、仲間中心の世界へ。そうやって経営者になってから人脈や経営規模を少しずつ広げてきた。お客様を喜ばせるため、そして200年企業を目指して、仲間たちと『一志団結』して令和の時代を駆け抜けていく。

第11章

進むべくして進んだ経営という道。チームで結果を出す喜びをコンサルティングの世界で追求したい

株式会社ENERGIZE-GROUP

生嶋健太社長

(兵庫県立姫路東OB)

いくしま・けんた●1980年生まれ、兵庫県出身　姫路東～神戸商科大
株式会社ENERGIZE-GROUPを2009年に立ち上げた。
現在は東京都渋谷区に本社を構え、コンサルティングを中心に事業を展開。『WORK IS AWESOME』をビジョンに掲げ、2020年にはGPTWジャパンによる「日本における『働きがいのある会社』若手ランキング」(※若手は34歳以下が対象)の小規模部門(25～99人)で1位を受賞した。

学生野球の聖地・神宮球場の近くに会社を構えるＥＮＥＲＧＩＺＥ－ＧＲＯＵＰ。

スタイリッシュな建物が、洗練された青山の風景に溶け込んでいる。その建物の前で待っていたのが、ここに紹介する生嶋健太さんだ。

細身ではあるが、綺麗に焼けた肌に眩しい笑顔。さわやかな印象が強い生嶋さんは１９８０年生まれ。高校時代は甲子園のお膝元・兵庫県にある姫路東で３年間高校野球に打ち込んだ。元高校球児が、社長業の道に進んだストーリーを紹介する。

友人に誘われ、初めて自分から選んだのが野球だった

野球を始めたのは、小学校の低学年だった。両親も二人の姉もバレーボールをしており、

完全な「バレーボール一家」。しかし、仲の良い友人に誘われて少年野球チームに入団したことで、野球道を歩むことになる。

「今でも規律や礼儀、特に目上の人への礼儀に関することを、しっかり教えてもらったのはよく覚えています。それくらい規律や礼儀がしっかりしているチームでした。監督やコーチが話しはじめたら帽子を外してピシッと姿勢を正して聞きましたし、遊んでいても監督やコーチが来れば立ち止まって『こんにちは』と言わないと怒られましたね」

絵に描いたような「縦社会」の厳しさを、幼いながらに経験した。そんなチームだから、もちろん練習も厳しかった。月曜日を除いて毎日、専用グラウンドで練習する日々を送った。学校が終われば一目散に自宅に帰る。そこからユニフォームに着替えてすぐにグラウンドへ。平日は、午後4時から約3時間みっちり練習を行い、土、日、祝日は半日練習。試合があれば、1日で2試合するような野球漬けの環境だった。

小学生とは思えないハードスケジュールだが、当時プレーが上達していくことに楽しさを感じていた。

「少年野球のレベルで考えれば厳しい環境だったかもしれませんが、やらされている感覚はありませんでした。また、今のように、チームのために自分が力になれることを考えることはできませんでしたが、練習して上手くなったり、できることが増えたりすることに楽しさを感じていました。何より周りには上手な選手が多かったので、その子たちに負けたくなかったんです」

姉が二人いる末っ子長男であると、「唯一の男の子」ということで家族から大事に育てられて甘やかされることが多い。ただ、両親に言われたことを従順にやってきた少年時代だったが、初めて自分からやりたいと思ったのが野球だった。

「バレーボール一家」でもあり「しっかりやらないとバレーに転向させられてしまう」という危機感は常に感じていた。負けず嫌いの精神に火がつき、厳しい練習も乗り越えることができた。

中学生になっても、そのまま野球部に入部した。「3年生とは体格が全然違いましたし、変化球が曲がる。打球も今まで感じたことのない速さだったので驚きました」。中学野球界のレベルの高さを肌で痛感した。それと同時に、また上下関係の厳しさも感じた。

「先輩がティーバッティングをしている間、ずっと立って声を出すなど、きつかったです。ましで、当時は練習中に水を飲むこともなかったので、あらかじめ見えないところに水筒を置いておいて、先輩が飛ばした打球を取りに行くついでに、隠れてそれを飲むこともしました。それでも熱中症になったこともありましたが……。ただ、小学校の時に礼儀や規律を学んでいたおかげで、そこで叱られることはなくて、逆に先輩たちからは、かわいがられていましたね」

しかし、プレーにおいてはケガに悩まされる時期が続くことになる。

ケガに苦しんだ中学時代、チーム運営に携わった高校時代

中学時代は、俊足巧打のセンターでガッツあふれるプレーを信条とし、チームの中心選手だったが、2年時に負傷した肩をはじめ、指や肘、さらには肋骨などケガが続いた。

中でも指に関しては、現在もその時の影響で少し曲がったままになっている。「中学最初の市民大会の決勝戦の時のものですが、ホームにヘッドスライディングをした時に、キャッチャーのブロックに衝突してやってしまいました」。ガッツあふれる自身のプレースタイルが裏目に出る形となってしまった。

負傷交代で救急車に乗って病院に行くも元には戻らず、試合にも負けて準優勝に終わった。さらに、衝撃的な言葉を耳にする。医者からは「バットが握れないから野球を諦めた方がいいかもしれない」と言われた。しかし、「(治る)可能性を信じていました」と諦めなかった。懸命なリハビリを通じてプレーができるところまで回復。何とか無事に中学野球3年間を駆け抜けた。

中学のチームメイトは、東洋大姫路や市川をはじめとした県内の実力校からスカウトされるほど、逸材の集まったチームだった。自分も、いくつかの学校から声を掛けられたが、

進学先は公立の中で自分の学力を見つつ、様々な条件を考慮した上で、県内でも有数の進学校である姫路東に決めた。

高校野球の世界に飛び込むと、まずスピードとパワーに圧倒される選手が多い中で、生嶋さんはスムーズに適応できたと話す。

「高校野球のレベルはすごいものだと考えていたのですが、中学時代のチームメイトは強豪私学に進むようなすごい選手ばかり。加えて、当時の姫路東があまり強くなかったので、『これくらいなのか？』と中学とのレベルの差は感じませんでした」

もちろん、軟式と硬式の違いには多少戸惑いはあったものの、1年生秋以降からは、レギュラーの座をつかみ、1～5番打者のいずれかを任されるような主力選手の一人にまで成長した。そして自分たちの代となった2年秋には、副キャプテンに就任。ここが大きな転機となった。

「キャプテンはピッチャーなので、別メニューで外れることが多く、必然的に全体練習を見るのは自分だったんです。そこで求められたのは、自分個人の成長よりも、下級生たちをどう育てるか、付いてきてもらうか、チームをどうやって作るか、ということでした。それまでは好き勝手やっていましたから、チームのことを考えはじめると、そのプレッシャーもあってか（自分の）野球の成績は下がりました。でも、そこで学んだことが、今でも自分自身がチームビルディングを考える際の礎になっていることは間違いありません」

実は、中学2年生の時は生徒会長補佐、中学3年生では生徒会長と組織のトップに立っていた。そして高校時代に野球部の副キャプテン。自分のこと以上に、ますますチーム全体へ目を向けるようになった。

大事にしてきたのが「誰よりも努力をする」、「行動で示す」ことだった。

「実際には、中学から誰よりも努力することは自分に課してきたことだったんですが、自分たちの実力はわかっていたので、『姫路東にとっての最高成績を残そう』と目標を決めました。そして、そのためにはやっぱり誰よりも努力しよう、一番努力をしようと思って、特に高校に進学してからは、朝練は頑張っていましたね」

最後の夏、姫路東は兵庫大会を勝ち上がっていくも、ベスト32に終わり、甲子園には届かなかった。しかし、副主将としての「仕事」は、のちに大きな財産となった。

チームで勝つことに魅了された大学時代

高校を卒業すると、自宅から通える神戸商科大へ進学。そこでは硬式野球ではなく、準硬式野球部に所属して第一線で活躍することになる。

準硬式野球部の近畿六大学連盟に所属していた神戸商科大は、近畿大などとリーグ戦で対戦。「硬式野球部に行かなかった実力者が、135キロとか140キロを投げ込んでくる。勘弁してほしかったです（笑）」と懐かしそうに振り返りながらも、1年生から試合に出場した。

打撃トップ10入りをはじめ、盗塁部門ではリーグ2位に入る活躍を見せ、周りからは「（神戸商科大に）すごい選手がいるぞ」と早くから存在感を発揮。のちに選抜チームにも選出されるなど、リーグ内の注目選手として成長した。自分自身それなりの充足感を得られるほどの活躍だった。

4年時にはキャプテンに就任した。そして高校時代と同様に、チームの運営に携わることとなった。この経験については「責任感はより一層増していったと思います」と真剣な眼差しに変わる。

「部長先生があまり活動に関わらないので、指導者のサポートがないんです。そのため、自分たちで練習をやる日や、練習のメニュー、練習試合の相手探し、合宿をどこで何日間やるかなど、すべてを考えなければなりませんでした。お金が絡むところもたくさんあったので、それで責任感は増しました」

さらに試合でもスタメンのオーダーを決め、ベンチ、打席、塁上どこからでも自らサインを出した。それも新たな経験だった。高校時代とはまた違ったチーム運営に携わることで、多くの経験を得ることができた。

「小中学時代は規律が厳しかったので、まずは言われたことを指示通り忠実に行う。それは高校でも若干近かったですが、副キャプテンをさせてもらったことで、チームのことを考えはじめるきっかけになりました。それに加えて、大学ではサポートがあまりなかった分、『どうすればチームが良くなるのか』と自主性を持って取り組みました。経営者の目線はここで養われたと思っています」

その後、大学卒業と同時に野球生活を終えると、東証一部に上場していたコンサルティング会社へ就職した。

「高校、大学での野球を通じた経験から、チームを動かしていくことに関心が出てきたんです。自分一人で成果を出すことより、チームで達成することの方が難しいけれど、かけがえのないことだと。事実、主将としてメニューを組んで試合に勝った時の方が、個人で技術力を高めて結果を残すより楽しかったんです。そんな経験からチームで勝つことに価値を感じていたので、多くのチーム（組織）に関われる仕事をしたいと思いコンサルティング業界に進みました」

大学の先輩からは銀行への誘いもあったというが、お金という形あるツールよりも、知識といった自分の努力次第で成果が出せるような、伸びしろのあるツールを使って仕事がしたいという思いもあった。

1年目から仕事に夢中になった。自宅に帰らず会社で一夜を過ごすこともたびたびあったが、「努力は苦になりませんでした」と振り返る。ここまでポジティブな気持ちで仕事に向き合えた要因は二つある。

経営者としての今を支える二つの考え方

まず一つ目は、中学時代のケガがきっかけで、努力することを苦に思わなくなったということだ。

「上半身ばかりケガしていたので、プレーはできないけど走ることはできたんです。だから一人で黙々と走り込んでいたのですが、そうしたところからあまり努力を努力とは思わなくなって、ほとんど苦にならなくなりました」

さらに続ける。

「実際、経営者というのは、信頼しているメンバーたちができなかったこと、やりたくなかったことが戻ってくる立場なんです。だから自分の苦手なこと、わからないこともやらないといけないので、勉強をする必要が出てきます。ですが、それが全然苦に感じないいんです。それはきっと、ケガをした時期をはじめ、小中学校では努力することが当たり前だったことと、やるべきことをやるというチーム環境で育ったことが確実に活きていると思います」

二つ目は依頼されたことは断らず、すべて引き受けるということだ。

「先輩から何かを言われた時に『どうしてだろう』と思わずに『まずはやろう』と決めていました。野球も最初は礼儀や規律を学んでから自主性を知ったので。その順序を学ぶきっかけがビジネスに変わっただけで、野球とビジネスは同じなんだと思っていました。なので、先輩の指示に対しては基本的に『YES。了解しました。ラジャー』。言われたことは例外なく引き受けるように決めていました」

先輩からの仕事をすべて引き受けたこともあり、夜遅くまで働くことが多くなっていた。普通であれば逃げ出したくなるような過酷な状況だが、学生時代に培った努力を苦に感じないことや、中学の時にケガをしても野球をやめなかったように、「一回、自分で決めたことをやめない」という精神力があったから続けられた。

そして、入社8年目の時、会社の業績不振をきっかけに周りから後押しを受け、起業を決意する。自身の中では考えもしていなかったが「やってみるか」と社長になった。その後、新商品などの開発をメインとしたコンサルティング会社「ENERGIZE-GROUP」を創設した。

「いろんなことが重なったところに後押しをされて、すごく運がよかった」と当時のことを思い出す。もちろん、最初から順調だったわけではない。起業したばかりの頃は、まだ信頼を勝ち得ているかどうかわからず、「社員に給料を払うことができても、各クライアントから月末にお金を支払っていただけるか不安でした」と精神的には追い詰められることも多々あった。

成功するために、経営する上で大事にしている軸が三つある。「生産性」と「社会への貢献度」。そして「社員の働きがい」だ。

「常にフォア・ザ・チームであることを大切に考えています。そのための努力を誰よりもすることは当たり前なのですが、自分たちの会社もですが、お客様のことも仲間として考えて行動する。『クライアントの責任者よりも、（自分自身がその会社の）責任者になれ』と社員にはよく言いますが、相手のことをよく知ることが大事だと思うんです」

チームで結果を残すことに喜びを感じて、コンサルティング業界へ進んだ生嶋さんにとって、フォア・ザ・チームのフレーズはまさにぴったりの言葉。これは高校時代の恩師から教わった。

「チームのために何ができるか。当時、姫路東の監督から言われたことを今も社員には伝えていますが、コンサルティングは、一人がすごく仕事ができれば、その一人で完結してもいい風潮があるんです。ですが、それだけでは会社としてやっている意味がない。一番は、チームで勝つことだと自分は思っています」

多くを経験してきた野球に例えて、さらに説明を続ける。

「実際、野球だったら、送りバントとかでチームの勝利に貢献することもありますが、あいったチームが好きなんです。地元・兵庫だと、明石商さんはよくバントをしますけど、甲子園に出るようなチームって大体そうだと思うんです。ですが、コンサルティングに関わらず、ビジネスだと自分で抱えてしまうケースが多いんです。野球みたいに送りバントをするような意識が低いんです。（コンサルティングの世界だと）ホームランを狙う4番打者のような社員が多いと感じています。だから今振り返っても、いい先生に巡り合えたと思っています」

大学時代に様々なコミュニティで中心人物として活躍していた人が、たくさん集まってもチーム（会社）として勝てるとは限らない。もっといえば、そういった人たちが2番打者になったり、もしかすると裏方に回ったりすることも、チームで勝つためにはポジティブなことであると、生嶋さんは考えている。

一人ひとりが違う個性と役割を持っていることを理解してもらう。そういったことをわかってもらえる場を与えることで、全員が機能してチーム（会社）全体で結果を出す。そんな組織を目指して、社員と会話をするなど工夫を凝らしながら会社を経営している。

その感覚について、さらにこんな話もする。

「野球ゲームが好きなので、それと似た感覚で自分の中でメンバーの評価をつけて、将来のことを見据えて『この役割を任せてみよう』と考えながら育てています」

ちょっと子どもっぽい一面も覗かせながら、チームとして戦えるだけの戦力を整えようと日々社員たちと向き合っていた。

野球で学んだことは一つも無駄にならない

高校大学を通じて野球に打ち込んできたことが、結果的に経営者としての基盤を固めてきた。今年で創業13年目となるが、ここまでの成長スピードに対しては、それでも厳しい自己評価をする。

「まだ道半ばですね。良い意味でも悪い意味でも、想像していたものとは違っています。自分の中では会社を大きくするよりも、社会に貢献することの方を大事にしています。その視点で見れば、何かを達成したと思いますし、逆にまだ達成できていないこともあると感じています。だから2009年から始めて、まだこんなものかと現状に満足はしていません。ただ、ここまでつらいこともありましたが、楽しかったという方が強く印象に残っています」

「生産性」「社会への貢献度」、そして「社員の働きがい」の三つの軸を持って経営をしたことが、嬉しい評価となって表れた。

GPTWジャパンによる2020年版「日本における『働きがいのある会社』若手ランキング」（※若手は34歳以下が対象）の小規模部門（25～99人）で1位を受賞。2021年も4位入賞と、社会全体からENERGIZE-GROUPの職場の雰囲気が認められる嬉しい成果が出ている。

「コンサルは、お客さんの抱える問題の解決策を提案することが仕事です。なので、最終的にご提案した解決策が企業の成長につながることで、勤めている社員の方が働きがいを持てるようになってくれればと思っています。もっといえば、そんな企業が増えることで社会が成長すれば、自分たちのやっているコンサルという仕事の価値の大

きさに気がつくと思うんです。

弊社は、そんな社会の成長に携わる仕事をしていることにやりがいを持って働いているから、若手に働きがいがあると認められて、そういったランキングが出ているんじゃないでしょうか。ただ、その根底にあるのは、間違いなく野球人生の中で学んだ、フォア・ザ・チームの精神があるからです」

経営者として難しい決断に迫られて、悩むことも多々ある。だが、そういった瞬間も経営者の醍醐味だと前向きな捉え方をしている。

「自分が壁にぶつかった時に、過去を振り返って、今この瞬間が一番勉強しているのか？楽しんでいるのか？　ということを一番大事にしています。やはり勉強をして高いレベルに行けば行くほど、求められることも高くなり、仕事は難しくなります。仕事内容もクライアントによって変わるので、常に正解を出し続けなければいけない。そうやってクライアントからの仕事に『難しい』と毎日感じられるのが経営者としての醍醐味だと思います。

だからこそ、会社としても難しい案件に挑んでいる時に、社員に対して『自分の中で一番努力をしているのか。一番勉強をしているのか』というところを見ています。新卒が6割と若手のチームなので、最終的には自主性を発揮してほしいですが、一定以上の努力が必要だと思い、若手にはその両方を求めています。努力せずに結果が出ている間は、成長をしていないということにもなりますし」

再び、熱い思いを野球に例える。

「野球だって、活躍する選手は誰も見ていないところでものすごい数の素振りをするなど、必ず努力をしています。逆に、何も努力せずにチームのエースや4番になれたとしても、それはチームの力が低かったからです。仕事も同じで、より高みを目指そうとすれば、必ず考えて努力をしないといけません」

次々と放たれる言葉からは、努力することを苦に思わないという学生時代の頃からの人生観が垣間見えた。高校時代の自分に送りたいメッセージを聞いた。

「努力はしないといけないですが、当時は練習に対して『決められたからやる。やらないといけない』という義務感がありました。それもいいとは思いますが、その練習を通じて何ができるようになるのか。自分の中でワクワクしたり、意味付けをしたりして楽しんでやりなよと言いたいですね」

今、頑張る球児たちに向けても、熱いメッセージを口にした。

「野球で学んだことは、一つも無駄にならないということですかね。経営者として様々なことをやっていますが、野球で学んだことがたくさんある。簡単な言葉では説明しきれないほどすべてを学びました。今はコロナで目標を見失うこともあると思いますが、チームや自分、野球と向き合ったことは無駄にはならないので、その経験を活かしてビジネスでも活躍してほしいです」

13年目となったENERGIZE-GROUP。その代表として、生嶋さんはこれまで同様、今後もフォア・ザ・チームの精神で仲間とともに飛躍を目指す。

支えとなるのは、姫路東をはじめとした野球人生で培ったもの。努力を惜しまない、あくなき向上心と不屈の精神力である。

第12章

目標を持ち、全力で取り組めば拓ける道はある。

ブレイクスルーパートナー税理士法人

阿部慎史代表

（早稲田実業OB）

あべ・しんじ ● 1979年生まれ、東京都出身　早稲田実業～早稲田大大学卒業後、2003年10月に公認会計士試験2次試験に合格し、新日本監査法人（現EY新日本有限責任監査法人）入所。その後、弁護士法人キャスト糸賀（現弁護士法人瓜生・糸賀法律事務所）を経て、2007年5月に阿部慎史公認会計士事務所を設立。2019年7月には、ブレイクスルーパートナー税理士法人へ法人化し、東京六大学野球連盟や日本学生野球協会の顧問会計士も務めるなど、野球との関わりも持つ。

公認会計士、税理士、行政書士として多くの企業の経営をサポートしているのが、ブレイクスルーパートナー税理士法人の阿部慎史代表だ。

東京六大学野球連盟や日本学生野球協会などの顧問会計士も務めており、野球界との関わりも持っているが、そんな阿部さんももともとは甲子園出場を夢見る野球少年であった。

王貞治氏や清宮幸太郎選手（日本ハムファイターズ）などを輩出した早稲田実業出身の阿部さんは、高校2年生の夏に控え選手ながら甲子園出場を経験。

その後、早稲田大学でも野球を続けて、東京六大学野球の舞台で活躍したが、現在の活躍の基礎を作ったのは、早稲田実業での3年間の高校野球生活であると断言する。

3年間の高校野球生活から得たもの、そして現在のビジネスとのつながりとは。

気づけば東京六大学を意識。夏からの切り替えで早稲田実業に合格

1979年生まれ、東京都保谷市、現在の西東京市出身の阿部さん。三兄弟の末っ子で二人の兄が野球をやっていた影響から、物心ついた頃にはキャッチボールをするようになっていた。小学校に入学すると、地元の少年野球チーム・保谷ユニバースに入団して野球に慣れ親しんだ。

「はじめはいろいろなポジションをやりました。ピッチャーや内野、外野も経験しましたが、最終的にはキャッチャーを任されました。低学年の時からキャッチャーを守るのが好きで、そこから大学までずっとキャッチャーです」

中学時代は硬式野球チームの保谷ドジャース（現：西東京ドジャース・ポニーリーグ）に所属し、ここでは打撃も大きく成長する。3年生時にはクリーンナップを任されるまでになり、地域では名の知れた存在に。チームは強豪とまではいかなかったが、攻守の要として活躍した。

「中学時代は毎日野球ばかりでした」と振り返る阿部さんだが、実は中学校は国立の東京学芸大学附属小金井中学校に通っていた秀才でもあった。阿部さん、そして同級生は受験

をくぐり抜けてきた生徒ばかりで、学業への意識は高い環境である。阿部さんも周囲に引っ張られる形で勉強に食らいついていた。

また、法政大学出身の父の影響から、気がつけば東京六大学を意識するようになっており、部活動を引退した中学3年の夏以降は高校進学のための受験勉強に集中。最終的に法政大学第一（現：法政大学高校）、立教新座、早稲田実業の3校を受験し、早稲田実業商業科への進学を決めた。

「両親は教育熱心なタイプではなかったと思いますが、それでも『宿題はやったの』くらいは言われていました。中学時代は勉強と野球を両立したというよりも、引退するまでは野球に専念して、3年生の夏から勉強にエンジンがかかった感じでしたね」

早稲田実業伝統の自立を重んじる指導の中で日々鍛錬

無事に早稲田実業へ合格し、進学を決めた阿部さん。

実は野球部への入部には迷いがあり、心境としては「早稲田実業で甲子園に出場する」よりも「東京六大学に進学する」といった気持ちが強かったという。

強豪校でもあったことから、阿部さんは入学前に一度グラウンドを見学に行くことにしたが、結果としてこれが入部へとつながっていくことになる。

「練習見学に行くと和泉実監督がいらっしゃって、声を掛けていただきました。『入学予定者か』と聞かれたので、『そうです』と答え、中学校では硬式野球をやっていたことなどを話しました。すると、『中等部からの推薦組が入学前に集合する日があるから、その日に一緒に来たらどうだ』と言ってくださりました。

監督直々に声を掛けてもらったことが嬉しくて、私は野球部への入部を決めます。おかげ様で、1995年の1年夏からベンチにも入れていただき、2年生の夏には控え選手ながら甲子園にも出場することができました。3年生の夏は、東東京大会（現在は西東京）の決勝で敗れて甲子園出場はなりませんでしたが、当時のチームは徐々に力をつけてきた頃で本当に大きな経験をさせていただきました」

阿部さんが入学した時の早稲田実業は、現在も指揮を執る和泉監督が就任から2年しか経っておらず、その指導がまだ学生へと浸透していなかった。

チームとしても1988年以降は甲子園から遠ざかっていたが、それでも1992年3月に急逝した和田明前監督の「選手の自主性を重んじる指導」は、和泉監督の手によって着実に引き継がれ、今まさにかつての力を取り戻そうとしていた頃であった。

自主性を掲げる早稲田実業の練習だが、それは自立心を持って取り組まなければ上達できない裏返しでもある。野球は監督に選ばれて初めて試合に出場できるスポーツである以上、まずは監督に認められるため、練習をして実力をつける必要がある。そのためには何をすればいいか。阿部さんは常に考え続けていたと振り返る。

「やっぱり僕なんかは考えてしまうんです、監督に使ってもらうためには何をすべきかと。いつ監督が見ているかと思うと、練習中に手を抜くことなんてできません。監督が自主練習に口を出すことはほぼなかったですが、やらなければならない危機感は常にありました。その中で特に意識したことは、無駄な時間を作らないことです。当時のチームは無駄な時間を過ごしている人間に対して、とても厳しい雰囲気がありました。夜遅くまで練習するため、しゃべっている時間などは本当に無駄で、練習しないなら帰ればという感じでした。そういった空気が作られていたことは、私だけでなくチーム全体が成長するための好循環の中にいたとも言えますね」

威圧感に満ちた甲子園球場と悔いしか残らなかった最後の夏

和泉監督に「起用される選手」になることを常に意識しながら、日々練習に取り組んだ阿部さん。その甲斐もあり、2年生の夏には控え捕手ながら甲子園出場を果たし、高校野球の聖地に立つことになる。

予選では20名の選手が試合出場選手として登録可能だが、甲子園で登録できるのは16名のみ（当時）。阿部さんは、本来であればベンチ外になる3番手の捕手だったが、東京都予選で2番手の捕手がケガをしたためベンチに入ることができた。

実際に立った甲子園球場は、想像していた以上に壮観だった。

「もう素晴らしいの一言です。東京都予選でもプロ野球で使用される明治神宮野球場で試合をしていましたが、同じプロが使う球場でも甲子園の外野は天然芝で、絨毯のように平らでふかふかしてるんです。内野の整地された土の部分も本当に平らで、こんな綺麗なグラウンドがあるんだなと感動しました。

そしてスタンドも、神宮のスタンドよりも傾斜が急なのでしょうか。大きくて威圧的な感じがするんですね。単純なサイズではなく、威圧感的にでかい球場だなと感じました」

出場した第78回全国高等学校野球選手権大会では、惜しくも2回戦で三重県代表の海星高校に3対4で敗れるが、阿部さんは3年生が引退した後の新チームでは正捕手の座をつかみ、また副キャプテンにも指名される。

3年生の夏には、前年に続いて東東京大会の決勝に駒を進めたが、最後は岩倉高校に12対14で敗れ、阿部さんの高校野球は幕を閉じた。

阿部さん自身も決勝で2つのエラーが出るなど、個人としてもチームとしても決して納得のいく戦いではなかったと振り返るが、それでも当時の悔しさがのちの大学野球での活躍につながっているとも明かし、高校野球生活を総括する。

「夏の甲子園の予選は、一回負けたら終わりのトーナメント。ですから、練習では絶対に一つの試合も負けないための練習を、どれだけやってきたかだと思いますが、早稲田実業での3年間ではその練習をやってきた自負がありました。だからこそ、ミスで敗れたことは本当に悔しかったです。

ちなみにこの年、夏の甲子園で優勝したのは智辯和歌山高校でした。でも練習試合では勝ってるんですよ。甲子園に出ていれば、全国優勝ができる力はあったと思っています」

高校野球で大きな悔いを残した阿部さんは、大学でも野球を続けることを決心する。早稲田大学には、全国各地から実績のある選手が集まることも知っていた。それでも、力はあったはずなのにミスで負けたという、高校生最後の試合のあまりにも無残な負け方が、阿部さんを突き動かした。

ドラフト指名選手とも互角の実力。大学野球での成長を生んだ二つのポイント

高校野球での悔しさを引きずる形で、早稲田大学でも硬式野球部に入部した阿部さんだが、ここでの経験はその後の人生に大きな影響を与えるほど濃密なものであった。

当時の早稲田大学も現在と同様、全国から実績のある選手たちが集まり、チームでは常にハイレベルな競争が繰り広げられていた。

2学年上にはヤクルトなどで活躍した藤井秀悟氏（今治西出身）がおり、同期には江尻慎太郎氏（仙台二出身・元日本ハムファイターズなど）に東辰弥氏（天理出身・元阪神タイガース）、後輩にも和田毅投手（浜田出身・福岡ソフトバンクホークス）や鳥谷敬選手（聖望学園出身・千葉ロッテマリーンズ）、青木宣親選手（日向出身・東京ヤクルトスワローズ）といったのちの一流プロ野球選手が多く在籍しており、阿部さんもその中で必死に練習に打ち込んだ。

中でも、一番のライバルだったのは、のちに阪神タイガースにドラフト指名を受ける東辰弥氏だった。

「彼は天理高校の出身で、3年春の選抜甲子園大会で優勝を経験していました。そんな選手が同級生のキャッチャーにいて、入学した時は完全に彼の方が上でした。1年の春から試合に出場していましたね」

だが、ここでレギュラー争いを諦めてしまったら、大学まで野球を続けた意味がない。阿部さんは、ここでも高校野球と同様に「監督から使われる選手」になるためには、何をすればよいかを必死に考えた。

「大学になると、レベルの高い選手が全国から集まるので、身体能力が桁違いなんです。

パワーや足の速さ、肩の強さ。もちろん私も負けないようにトレーニングをしますが、生まれ持った身体能力を変えることはできないので、ではどうすれば試合に出場できるのか。僕にできるのは頭を使って考えることだけでした」

考えた末、阿部さんが出した結論は「ケガの防止」と「投手とのコミュニケーション」の二つだった。

どんなに良い選手でも、ケガをすれば試合に出場できない。とにかく常に試合に出場できるコンディションを作っておくために、トレーニングもケガをしないための体作りと柔軟を重視。また捕手として試合に出場するためには、監督だけでなく投手にも選ばれる必要がある。投手との信頼関係を構築するために、綿密なコミュニケーションにも多くの時間を割いた。

「大学2年生の時に監督が変わったのですが、野村徹監督という捕手出身の方で、やはりキャッチャーに対する指導の目が厳しいなと感じました。野村監督から指導を受ける中で、試合で使ってもらうためには投手との信頼関係が大事だと考えるようになりました」

この二つを重視して練習に取り組んだ阿部さんは、下級生時からベンチ入りのチャンスをつかむようになり、2年生時には東京六大学リーグ優勝、全日本大学野球選手権準優勝をメンバーの一員として経験する。

4年生時には捕手のレギュラー番号をつかむことになり、最大のライバルであった東氏とは試合出場機会がほぼ半分ずつ。互角以上の実力を見せて、また副キャプテンとしてもリーダーシップを発揮。憧れであった東京六大学野球の舞台で活躍した。

野球は大学で終わり。卒業後、公認会計士の道へ

早稲田大学でも、捕手として地道に実力を伸ばした阿部さんだったが、実は4年生を迎える前に卒業後は野球を続けないことを決めていた。

ドラフト指名を受けた選手と互角の実力を見せていたのであれば、阿部さん自身もドラフト指名まではいかずとも、社会人野球を続けるチャンスも十分にあったと思われるが、内心では上のレベルでは通用しないだろうと感じていた。

「私は、3年生までレギュラーになることができませんでした。上のレベルで活躍する選手たちは、早い学年から試合に出場して活躍していたので、3年になるまで試合に出場できないような選手は、上では難しいだろうなと自分なりに決めつけていました。

4年生になる前に監督との進路面談で、『野球は大学まででやめます』と伝えて、就職活動をすることを宣言しました。

余談ですが、プロに入団した同期の選手たちから、お前も良いキャッチャーだったとス

カウトの人たちが言っていたとのちに聞かされました。でもドラフト下位指名レベルでも、野球を続けないと宣言している選手を指名するわけがありません。

『何が何でもプロに行きたい』と言い続けていたライバルの東は、阪神に指名されましたが、結局大事なのは『プロに行きたい』と思い続けることなのだと思います」

では、そこから一体どのような経緯で公認会計士、税理士、行政書士の仕事へと至ったのだろうか。

実は4年生になり、野球と並行して就職活動も行っていたのだが、両立に限界を感じる出来事があった。企業面接は土日にも行われるが、リーグ戦の試合と日程が被る。迷った末、面接を受けた直後に試合に臨むことに決めたが、阿部さんは試合に向けての気持ちの切り替えに苦労したという。

「第4週目の東京大学との試合でした。企業の面接に行って、スーツのままチームメイトに遅れて神宮球場に行ったのですが、その時チームメイトはユニフォームでウォーミングアップをしているのです。遅れて自分もウォーミングアップを始めるわけですが、なかなか切り替えができませんでした」

捕手として先発出場した阿部さん。だが、試合が始まると早稲田大学は苦戦を強いられ、3回を終えて0対2とリードを許す。

先発は和田毅投手だったが、流れが悪くベンチの雰囲気も良くない。阿部さんの頭に投手交代もよぎっていた、その時だった。

監督はなんと捕手交代を告げたのだ。

阿部さんに代わり、マスクを被ったのはライバルの東氏。この選手交代により流れが大きく変わった早稲田大学は、後半の集中打で逆転勝利を収める。つまり、前半の流れの悪さは、捕手である阿部さんが原因だったと判断されたのだ。

この一件で、レギュラー落ちへの危機感を抱いた阿部さんは、ある決断をした。

「こんなことを繰り返すわけにはいかないと思い、両親に就職活動を一旦やめようと思うと相談しました。留年するか何かして、今年は野球に専念させてほしいと。

ありがたいことに、両親はわかったと言ってくれて、それじゃあ卒業後に専門学校に入り、資格を取得すればとアドバイスをもらいました。そこで提案された資格が公認会計士でした」

両親の提案を受けて、阿部さんは就職活動をやめて引退後に専門学校へ進むことを決断。

11月に最後のリーグ戦を終えると、そこから猛勉強を開始した。

「東京六大学で試合に出ていた選手たちは、秋にスポーツ新聞などに進路が発表されるのですが、そこに公認会計士と載ってしまったんです。まだなってもいないのに、いろんな人にお前会計士になるのか、すごいねって言われてしまい。これはもう後には引けないなと思いましたね」

監査法人を3年で退所。友人との共同経営で独立へ

野球を引退した翌年の1月に、専門学校へ入学した阿部さん。

猛勉強の甲斐もあり、さらに翌年の5月に行われた試験で見事合格。倍率6%の狭き門をくぐり抜けて公認会計士になることができた。

「勉強は、本当に野球に比べれば楽だと思います。野球は暑い日も寒い日も長時間の練習をやらなければならず、練習したことがそのまま試合につながるとは限らない。報われない努力もありますが、それに比べて勉強は基本的に冷暖房完備で、やっただけ必ず点数になって跳ね返ってきます。当時は1日14、5時間勉強しましたね」

晴れて公認会計士となった阿部さんは、新日本監査法人に入所して社会人としての生活をスタートさせる。

だが結論からいえば、阿部さんは3年間勤務して退所することになる。公認会計士の仕事は、上場企業の決算書に間違いがないかチェックすることだ。営業マンのように売り上げの数値目標があるわけではなく、淡々と「間違い探し」を行う毎日。目標のない生活にやりがいを感じることができなかった。

「主なお客様は経理の方々なのですが、自分がやった仕事の間違いを指摘されるので、相手からすれば煙たい存在なんですね。煙たがられる仕事をやるのがつらく、つまらないと思い3年でやめてしまったのが正直なところです。

その後は、同期にプロ野球選手がいた影響から代理人の仕事に興味を持ち、弁護士事務所に転職しました。代理人の仕事は交渉事なので、非弁行為に当たるため日本では弁護士にしか認められていないのです。

ここでは法律への感覚、リーガルマインドを肌で感じながら仕事をすることができました。半年でやめてしまったのですが、非常に大きな経験をさせていただいたと感じています」

志を持って入所した弁護士事務所を、半年で退所したのには理由がある。ある日、友人に共同経営での会計事務所立ち上げを持ちかけられたのだ。目的を持って入所した手前、すぐに退所することへの躊躇いもあったが、それ以上に目標を持って仕事をすることへの思いが沸々と湧き上がってくる。

そこで、阿部さんは弁護士事務所を退所し、友人とともに会計事務所を立ち上げることを決断した。

「結局2年ほどで仲間割れして、私が抜ける形で共同経営をやめて一人で独立しました。会計の仕事とは関係のない事業をやろうかとも思いましたが、最終的に会計士だけでなく、税理士の仕事もやることに決めます。会計士の資格を取ると、税理士の資格もついてくるんですよ。経営者と直接接することができて、喜ばれる仕事がしたいと思ったのです」

滑り出しは順調だった。独立した当時はFacebookが出始めた頃で、独立したことを発信すると早稲田実業や早稲田大学のつながりから多くの紹介があった。

早稲田系列のつながりの深さを改めて実感し、とんとん拍子で事業を拡大。現在は、東京六大学野球連盟や日本学生野球協会などの顧問会計士も務めており、再び野球界との関わりも持つようになった。

経営者となり人材育成の重要性を実感。まだ道の途中

仕事を受注する点では順調だった阿部さんだが、その一方で人材の育成には苦労が多くあった。これまでは野球でも仕事でも、自分のパフォーマンスさえ高ければ結果を出すことができたので、後輩を育てていくことを意識したことがなかったのだ。

経営者の立場となり初めて人材育成の重要性を肌で感じ、阿部さんは社員が前向きに成長していける取り組みを日々考え続けた。

その結果、行きついた答えは「会社の成長」と「社員の成長」をリンクさせることだった。人間は目的を持って仕事に取り組めば、一生懸命になって成長しようとするが、さらに組織の目的と従業員の目的が紐づくようになれば、双方が同じ方向を向いてともに成長することができる。

阿部さんは組織と従業員がともに成長するための目標を作り、従業員にとって価値のある組織にしていくことを決めた。

「高校野球を3年間続けた人は、そもそも目的を持ち続けている人なので、勝手に最後まで続けるんですよ。みんなが同じ甲子園という目標を共有しているので。自分は何となく

起業したこともあり、これまでは『日本一の会社を作る』のような大きな目標を持っていたわけではありませんでした。そこで、個々の成長と会社の成長をリンクさせる目標を作りました」

その目標は公にはしていないが、新たな目的を持ったことで組織全体に推進力が生まれ、ここまで手応えをつかんでいると語る。

そんな阿部さんに、現役の高校球児へのメッセージをお願いすると、早稲田実業時代、そして経営者である現在を照らし合わせながら温かい言葉を送った。

「目標を決めたら、まずはそれに向かって一生懸命全力で取り組んでほしいと思います。もちろん必ず甲子園に行けるとは限りませんが、その先に必ず開く道はあると思うので。

私はたまたま2年生の時に甲子園に行きましたが、行けなかったとしても高校時代に自主性を持って練習に取り組んだことや、チームメイトと同じ方向を向いてできる限りの努力を重ねたからこそ、今があると思っています。だからこそ、みなさんは今、野球に100％の力を注いでほしいです」

まだ道の途中ではあるが、阿部さんも今、経営者にとっての良き相談相手として、また社外ブレーンとして企業の発展を支援するための経営に取り組んでいる。これからも野球で培った「全力で取り組む力」を、経営者たちを支える力へと活かしていく。

第13章

持つべきだった強い理念の共有。それがあれば「甲子園に行けたはず」

新灯印刷株式会社

後尾和男社長

（岩倉OB）

ごのお・かずお ● 1968年生まれ、東京都出身　岩倉〜東洋大

岩倉時代は主将を務め、優勝旗返還で甲子園の土を踏む。東洋大学を経て、家業である新灯印刷株式会社へと入社するが、一度は父と袂を分かち、出版社へ営業職として入社。

31歳で父と和解し、再び新灯印刷へ戻ると、営業部長を経て40歳で代表取締役に就任する。現在は印刷業だけでなく、書籍の企画や物流、出版とワンストップでの出版サービスを展開し、グループ企業を増やしている。

家業である印刷会社を土台に、書籍の企画・プロデュースや物流、出版とグループ企業を次々と増やしていき、ワンストップでの出版サービスを展開しているのが新灯印刷株式会社の後尾和男さんだ。

40歳の時に3代目として代表取締役を引き継いだ後尾さんは、製造原価が下がり続ける業界の現状に危機を感じ、自社で出版物を作って流通、販売までを行う仕組みを考案。現在では「出版」をトータルでサポートできるグループ企業を確立した。

そんな後尾さんは、自身のビジネスには高校野球の経験が大きな土台になっていると断言する。

東京都の強豪・岩倉高校野球部出身の後尾さんは、第56回選抜高校野球大会の初出場初優勝にも立ち会うなど、怒涛の高校野球生活を過ごした。

今回は高校時代を振り返っていただき、「現在の仕事にもつながっている」と語る背景を見ていく。

志望校に落ちて岩倉高校へ進学

1968年生まれの後尾さん。小学校3年生の時に友人の影響で野球に興味を持ちはじめ、練馬区の少年野球チーム「若竹クラブ」に入団する。中学校では東京都大会出場の常連だった練馬区立旭丘中学校の軟式野球部へ入部し、遊撃手を務める。過去には甲子園球児も多く輩出しており、そんな先輩たちの姿は後尾さんにとって大きな憧れでもあった。

「同じ少年野球チームからも、甲子園に出場した先輩がいる。自分もあの大舞台に立ちたいなとずっと思っていました」

中学時代もショートとして活躍した後尾さんは、卒業後は都内の強豪校である岩倉高校へ進学した。進学を決めた理由は意外なものだった。

「実は岩倉高校に進学したのは、一般受験で志望校に落ちてしまったからなんです。同じ野球部から私を含めて3名が岩倉高校に入学しましたが、うち2人はセレクションで入り、私は滑り止めとして一般受験で岩倉高校を受けていました。そして、私は志望校に行けなかったので、仕方なく岩倉高校に進んだというのが本当のところです」

志望校ではなかったとはいえ、野球に対しては情熱を燃やしていた後尾さん。甲子園出場の目標を掲げて、強豪と呼ばれていた岩倉高校野球部に入部した。

優勝旗返還で甲子園の土を踏み、KKコンビとも記念撮影

いざ岩倉高校野球部へ入部すると、想像以上に厳しい環境が待っていた。上下関係は非常に厳しく、鉄拳制裁も当たり前の時代。練習量も多く、300人近い部員が在籍。入部当初は、練習に付いていくだけでも精一杯だったと振り返る。

「当時の練習はグラウンド50周を走るところから始まり、水を飲むことも許されません。私が3年生になった時は、3学年合わせると300人くらい部員がいて、練習に付いていけない部員もたくさんいましたね。上下関係もとても厳格だったように記憶しています」

肉体的にも、精神的にも追い込まれる苦しい練習の日々。それでも後尾さんは、苦しみから逃げることなく地道に練習を続けた。

次第に首脳陣に足の速さに着目されると、今まで守っていたショートから俊足を活かせる外野手にコンバートされ、活路を見出していく。セーフティバントなど足を活かした戦術を担う選手として信頼されるようになると、2年夏の新チームからは1番打者に定着し

た。また、やがて主将にも就任し、チームを牽引する存在へと成長を遂げる。
「当時は181センチ・71キロと細身で足が速かったので、セーフティバントや盗塁などを積極的に行いました。足だけでなく、もっと力強いバッティングもしたいと思い、筋力トレーニングで体を大きくしようと頑張りましたが、なかなか体は大きくならなかったことを覚えています」

強豪校ならではのハードな練習環境は、捉え方によっては自らを成長させられる好機でもある。見事にチームの中心選手へと成長した後尾さんは、高校野球生活の中でも非常に印象に残っている出来事が二つあると話す。

まず一つ目は、選抜甲子園大会の優勝旗を返還したことだ。

後尾さんは、2年生の夏までベンチに入ることもできず、2年生の春にチームが選抜甲子園で初出場・初優勝を飾った際もスタンドで応援していた。

だがやがて主将になったことで、高校3年生の春には、第56回選抜高校野球大会の開会式で優勝旗の返還のため甲子園の土を踏むことができたのだ。

「前年度優勝校の校旗をバックスクリーンの上に掲揚するんですが、グラウンドから後ろを振り返った時のスタンドに観客がいる感じがすごいんですよ。ライトスタンド、レフトスタンド、一塁、三塁のアルプススタンド。満員の甲子園がグラウンドを取り囲んでいる。あの景色は二度と経験できないし、すごい体験だったなと思います。

しかも前年度の準優勝校はＰＬ学園。同世代には清原和博と桑田真澄がいました。待ち時間に、彼らを呼び止めて、使い捨てカメラで写真を撮ってもらったのも良い思い出です」
そして、後尾さんが高校野球生活で印象深かった出来事の二つ目は、後輩に対して「鉄拳指導」を行わなかったことだ。

時代背景もあり、当時は先輩が後輩に対して「鉄拳指導」を行うことも珍しくはなかった。だが後尾さんは、上級生の立場になっても力で後輩を従わせることは決してなかったと振り返る。

「私は人と同じことをするのが嫌な性格でした。今でこそ個性を尊重する時代ですが、当時の体育会系は右にならえの時代ですから、私は変わったやつだと思われていたと思います。みんな、後輩を指導するなら拳を振るうのが当たり前だと思っていました。しかし、私が先輩に殴られた時にどういう気持ちだったかなと考えると、やっぱり恐怖に怯えてすごく嫌な思いをしていたわけです。そういったことを後輩にも体験させたら可哀想だ、そんな気持ちが強かったですね」

また、それまでは当たり前だった「鉄拳指導」をやめることを、同期のチームメイトに納得してもらう努力も怠らなかった。それまでの当たり前を急にやめることに対して、違和感を覚える選手も中にはいた。だが、誰よりも遅くまでグラウンドに残って自主練習し、リーダーとしてあるべき姿、頼もしいと感じさせる背中を見せ続け、行動によって「悪習」をやめることを訴えた。

後輩を力で従わせるのではなく、ではどうやって指導するか。後尾さんは相手のことを思って話し合うというやり方を選んだ。

暴力で無理強いするのではなく、きちんと話し合いをして納得してもらうというこの時の経験が、経営者として社員を持つ立場に立った時に非常に役立ったと語る。

実力が足りずに届かなかった甲子園

主将として、風通しの良いチーム作りを進めた後尾さんだったが、結果として選手として甲子園の舞台に立つことはできなかった。全国制覇を達成した1学年上のチームと比べ、戦力的には劣っていたと語り、苦労した当時のチーム状況を振り返る。

「エースの内田正行は、中学校時代に全国優勝を経験したピッチャーで、日本代表にも選出されていました。先輩たちにも負けない有力な選手が集まっていましたが、秋季大会の頃から頼みの内田の調子が悪くなり、また退部する選手も出てきます。

その結果、内田は不安定な投球が続き、打撃も前年のチームと比較すると明らかに劣っていました。先輩たちのバッティング練習では、打球はポンポン柵越えをしていましたが、私たちの代の選手たちはそんなに柵越えを打つことができません。打撃練習を見るだけでも、私たちの弱さは感じていました」

秋季大会では初戦で帝京高校と対戦し、力の差を見せつけられてコールド負け。早々に敗退して2年連続の選抜甲子園出場を逃した。ちなみにその後帝京高校は、選抜甲子園出場を果たして準優勝を遂げており、後尾さんは「とにかく力の差を感じて、漠然と悔しいと思うほかなかった」と振り返る。

残る甲子園のチャンスは夏のみとなったが、ここでも大きな壁に阻まれた。

「夏は2回勝つことができましたが、3回戦で豊南高校に1対3で敗れて敗退となりました。この試合も内田が先発しましたが、序盤に3点を取られてしまいました。その後ピッチャーが代わり、2番手投手はずっと抑え続けていましたが、僕らは1点しか返すことができませんでした。本当に良いピッチャーで、打てずに負けたという感じです」

悔しさが込み上げる一方で、当時のチームの力を考えると勝ち進むのは難しかったかも、と思わず本音を口にする。優勝旗の返還で甲子園の土を踏み、「鉄拳指導」をなくす取り組みを行うなど、「良い高校野球だった」と胸を張る後尾さん。だが、実力がないと勝ち上がることはできないと、最後に現実を突きつけられる形となった。

仕事にも活きた、相手の気持ちを考えること

高校卒業後、東洋大学を経て家業である新灯印刷株式会社へと入社した後尾さん。実は代表取締役だった父と業務を巡って言い争いとなり、一度は袂を分かち、その後職を転々としたそうだ。

「米を買うお金もないし、どこかに勤めに行くための身支度をするお金もない。なので、最初は歩いて行ける距離のパチンコ屋で働きはじめ、給与を前借りして何とか生活していました。しかし、長くは続きませんでした。タバコの煙にはいつまでも慣れなかったですし、重いパチンコの玉を運んでいるうち、何度もぎっくり腰になってしまったからです。パチンコ屋をやめた後は、2社で営業職を経験しました」

合同就職説明会へ参加したのをきっかけに、出版社へと転職した後尾さん。飛び込み営業で教材を売り歩く、断られてばかりの過酷な営業だったが、後尾さんはここで営業マンとしての才能を開花させる。全国トップクラスの営業成績を挙げるようになり、一時は全営業マンの中で3位に輝いたこともあったという。

ここで自信を得た後尾さんは、鋼材の卸売会社へと転職。再び社内でトップクラスの営業

成績を残す。そのかたわらで、31歳の時には父と和解して再び新灯印刷へ戻ることになる。

新灯印刷では、営業部長などを経て40歳で代表取締役に就任し、企業のトップとして経営を行っていくことになったが、営業マンとしてビジネス経験を重ねる中で、高校野球で培った「相手の気持ちを考えること」が大きく役に立ったと感じている。

「高校時代、私は後輩たちの気持ちを考えて、鉄拳指導をやめることを決断しました。舞台はまったく違うのですが、営業職であっても同じように相手の気持ちを考えて、『お客さんが本当に喜ぶことって何だろう』と親身になって考えることが、営業成績につながったと身をもって知りました。

経営者になっても同じです。私は社員に対して注意はしますが、基本的に怒りの感情を叩きつけることはありません。中には、怒らないとダメではないかと周りに言われてしまうような従業員も過去にいました。しかし、そんな従業員が相手だったとしても、僕は頭ごなしに怒ることは一切しませんでした。同様に、部下を持つ管理職にも、お互いにしっかりと意見交換を行い、管理職から部下に何がダメなのかをきちんとアドバイスするように声掛けをしています。立場が違っても、話し合ってお互いを理解することが重要なのです。

ガミガミと叱りつけたり、頭ごなしに命令をしたり、顧客の望むものを無視して商品やサービスを売りつけたり、そういうことは決してやらない。話し合って、相手の望むものを知り、そこにビジネスとして答えを提案する。そんなやり方を続けた結果、新灯印刷をやめた人でも『印刷を頼むなら後尾さんにお世話になりたい』と私に連絡をくれたりして、私を信頼してくれる人とのつながりがどんどん広がっていったと思いますね」

怒る人ほど自分に自信がない。これが後尾さんの基本的な考え方だ。

後輩や部下を怒って従わせても、継続して動かしていくことはできないと高校時代から感じていたと振り返る。それに、やらされているうちは野球も仕事も自分の身にはならず、後輩が自ら進んで努力できる環境を作ることを、後尾さんは高校時代から意識して作ってきたのだ。

また、それまでは当たり前だった「鉄拳指導」をやめることを、同期のチームメイトに納得してもらうように努めた経験も、現在に大きく活かされている。

組織のトップに立ち、部下を引っ張っていくためには、尊敬される人物であり続けなければならない。誰よりも遅くまでグラウンドに残って自主練習し、リーダーとしてあるべき姿を示し続けた高校時代のように、現場の最前線で手本を示すことを心掛けている。

「社員の手本となることを常に心掛けています。普段の振る舞いももちろんですが、仕事のやり方についても同じだと考えています。営業や制作の社員に、どうやって仕事を増やしていくのか考えさせるよりも、私がどのように動くべきかを実践してその姿を見せるようにしています。

特に今はコロナ禍で、新規営業ができずに売上が落ちている状況です。こんな時こそ私が最前線で仕事を作り出し、そしてその姿を見た社員が自ら動いて、仕事を作っていける体制を築いていこうと思っています」

出版をワンストップでサポートするグループ企業を確立

2010年に父が他界したのを機に、社長に就任した後尾さん。会社のトップとして舵取りを任されたが、当時の印刷業界はネット書籍の発達などにより、紙の出版物は市場規模が縮小。また印刷の製造原価も下がり続けていた。危機を感じた後尾さんは、これまでのように受注した仕事をこなしていくだけではなく、自ら仕事を作り出していく必要性を感じはじめる。

「もともと印刷会社とは、お客様から『これを印刷してください』と言われて、そこから仕事が動き出す受注産業です。これからは、自分から印刷物を作り出さなければいけないと常々感じていました。

例えば、免許更新の際に配布される交通教本。免許更新のたびに配られますが、あのような本を自分で作り出せないかなとか、世界で一番読まれている書籍である聖書を、勝手に印刷したらダメなのかなとか。そんなことばかり考えていた時期がありました。自らコンテンツを作り出すことができないかと考え続けた中で、たどり着いたのが現在の形です」

そこで着手したのが、書籍の企画・プロデュースや物流、出版をワンストップで行う、出版サービスだ。

2013年に出版プロデュースを手掛ける株式会社スタックアップを設立すると、同年に物流を担う株式会社ストレートを立て続けに創業。その後は製本会社のSS製本株式会社、カラー印刷会社の株式会社テクノアートをグループ企業とし、書籍を内製できる体制を構築する。

自分たちの仕事の価値を上げていくためには、自分たちでものを作り、流通させ、さらに販売までできる仕組みを作ればいい。一貫してすべてを自分たちで行えば、価格のコントロールも自在にできる。後尾社長は、思い描いた形を見事に実現させたのだ。

だがこの形を作り上げるのは、当然ながら簡単ではなかった。出版社での勤務経験はあったが、行っていたのは営業職。出版に関する知識はなく、出版社に勤める知り合いなどから、編集や流通の知識を学び、またM＆Aも行うことで書籍を内製できるナレッジを積み上げていった。

「2年ほど前に、倒産した印刷会社から人気雑誌の印刷を引き継ぐことができたのですが、この雑誌は毎月発売されていました。この時に、こんなコンテンツを自分たちで作れないかと思ったのが、始まりでしたね。他の印刷会社では絶対に真似できないことなので、現在は自分たちのコンテンツを作ることをより強化している最中です」

1949年に大叔父が創業し、父が2代目として経営していた新灯印刷株式会社。60年以上続いた会社の危機を救ったのは、3代目社長の起死回生の一振りだった。

手を抜かずにいろんな経験をして自信をつけてほしい

そんな後尾さんにとって「経営者」という仕事の一番の魅力は、「自分の給料を自分で決められるところ」だ。もちろん経営にはリスクも伴うが、頑張った分の成果をしっかりと受け取れるところに、経営者の仕事の大きな魅力があると話す。

「経営者はリスクも高いけど、その分天井はありません。だから自分で頑張って（会社を）大きくしようと思ったらできるわけだし、自分の給料を自分で決められるところも経営者の大きな魅力だと思いますね」

高校時代の経験を存分に活かして、経営者として活躍を続ける後尾さん。

自身の経験を踏まえて、現在の高校球児には「甲子園出場が叶わなかったとしても、目標に向かって努力することの大切さを学んでほしい」と思いを口にする。

何か一つのものに純粋に集中できる期間は、高校の3年間しかない。その短い期間の中で手を抜かずに努力を続けることで、自信にもつながり、そして良い思い出としても残るのだと後尾さんは話す。

「やっぱり人間は、苦しくなると手を抜いてしまいますが、あと一本、あと一回というのを大切にしてほしいなと思います。

私は本を作る仕事をやっていますが、ビジネス書で成功してる社長さんの取材をやっていくと、経営を始めた頃はみんな結構怒ったりして社員がやめてしまうこともあります。でも売り上げが上がって会社が大きくなり、社員も増えて責任が大きくなるとだんだん自信がついてくる。立場や経験が自信につながっているのだと思います。球児のみなさんにも、手を抜かずにいろんな経験をして自信をつけてほしいと思います」

そして最後に「高校時代の自分にメッセージを送るなら、どんな言葉を掛けてあげたいですか」

と質問を投げると、後尾さんはまず組織を運営する上での「理念」の重要性から語った。

「うちは今、『成長なくして存続なし、100年以上続く企業を目指す』という理念のもとでやっているのですが、実はこの理念は変えようかなと思っているんです。社員みんなが100年以上を目指すのはちょっと考えられないので、全員が同じ方向を向けるような経営理念を考えた方がいいなと思っているんですよ」

その点では、高校野球にはどのチームにも「甲子園」という強固な目標がある。甲子園を目指す、という強い理念の中で野球に打ち込める高校時代は、今振り返ればとても貴重な時期であり、だからこそ後尾さんは、過去の自分に対して「もう少しできたのではないか」とあえて苦言を口にする。

「もう少し一生懸命やれば、最後の夏も3回戦なんかで負けないで、もっとできたはずだって思います。なので、あの時の自分に言葉を掛けることがあれば『あともうちょい頑張れ！』と言ってあげたいですね」

中心選手になるまで、厳しい練習に耐えられた精神力。

どぶ板営業でも全国トップクラスの成績を残す、愚直な努力を続けられる強さ。

経営者になってからも、次々に新事業を立ち上げて形に残した突破力。

強い意志を備えながらも無理強いせず、丹念に対話することのできる懐の広さ。

積み上げてきた経験を糧に、これからも経営者として力強く進み続けるだろう。

特別章

やり続ければ世界《けしき》が変わる
乗り越えれば世界《みらい》が変わる

高校野球と社長業、そのつながりを
野球経験社長とともに伝えたい
〜本企画への思い〜

株式会社ESSPRIDE
西川世一社長
(中京大中京OB)

にしかわ・せいいち ● 1978年生まれ、愛知県　中京大学附属中京高校では甲子園を目指し野球に没頭。

2005年、株式会社ESSPRIDEを設立。代表取締役CEOとしてお菓子をコミュニケーションメディアにした事業を軸としスポーツ、エンタメ、カルチャーなどの商品の企画・製造・販売・店舗プロデュースなどを行う。全国の中小企業をユニークに盛り上げる社長コミュニティ『社長チップス』も話題。また株式会社M&A works 共同ファウンダー。一般社団法人Cross Biz Japan理事も務める。

著書「ESSENTIAL INNOVATOR 次代を捉えた経営者のサスティナブル・マネジメント」(ダイヤモンド社)。「誰も知らない社長の汗と涙の塩(CEO)味物語」(電波社)。

少し日が傾きつつも、どこか秋らしい強い日差しが差し込む愛知県名古屋市昭和区。東海道新幹線・名古屋駅から地下鉄鶴舞線で20分ほどの、いりなか駅が最寄り駅で、閑静な住宅地の中に構える学校こそ、全国区の名門校・中京大中京だ。

近年ではエース・高橋宏斗（中日ドラゴンズ）を中心に2019年の明治神宮大会では優勝。さらに2021年の選抜では、ドラフトで指名を受けた剛腕・畔柳亨丞を擁して、ベスト4進出を果たした。

2009年には堂林翔太（広島東洋カープ）を中心に、日本文理との大接戦の末に甲子園を制した。甲子園勝利数は日本一だ。今回、その伝統校で

1996年にプレーし、現在は株式会社ESSPRIDEで代表取締役CEOを務める西川世一さんに、当時を振り返ってもらった。

愛する母校への進学は相思相愛で決まった

15時過ぎ、タクシーから降りてきた、がっちりとした体格の男性。全身エンジ色のスーツを身に纏い、落ち着いた佇まいで中京大中京の前に現れた人物こそ西川世一さんだ。挨拶を済ませ、校舎の奥にあるグラウンドへ足を運ぶ。人工芝のグラウンドに、ダイヤモンドの部分が土になっている長方形のグラウンドの周りを歩きながら、バックネットの方へ移動した。全体練習が始まる少し前とあって、グラウンドでは、まだ選手たちが準備をしている。

現在チームを指揮する高橋源一郎監督は、西川さんの一つ下の後輩にあたる。挨拶を済ませると、チームの話へ。チームの状態や試合の話で盛り上がりを見せている姿を見て、西川さんも一人のOBとして、卒業後も後輩たちの戦いを見守っていることは簡単に理解できた。

その後、レフトの方へ歩みを進める。現役時代、慣れ親しんだレフトのポジションへ到着し、腰を下ろすと当時の話を始めた。

「卒業してから20年以上経ちましたが、グラウンドに来たのはその時以来です。やっぱりレフトを見ると、当時のノックのシーンだとか、ミスして大藤敏行監督に呼ばれホームまで全力で走って行って、叱られるシーンなどを思い出しますね」

小学生の頃からプロ野球選手を夢に見ながら、地元・中京大中京の試合を見に行くほど強い憧れを持っていた。小学生の時は春日井ボーイズで投手兼外野手として活躍。周りのチームメイトは愛工大名電や享栄に進学して、早くからチームの中心を担うような選手たちばかりだった。

そんな中、西川さんのもとには念願の中京大中京からの話が舞い込んできた。野球を始めた頃から憧れていた学校からの誘い。実は、他校からも熱心な呼びかけをしてもらっていたが、中京大中京で野球をしたかった西川さんは、すべて断っていた。

もちろん、迷うことなく進学を決意した。夢にまで見た舞台での高校野球生活スタート前。中学3年生の夏に練習会に行った際、その環境に衝撃を受けた。

「周りの同級生には140キロ以上を投げるような投手がいたし、先輩方もすごくて『場違いだ』と思うほどレベルが高かったです。春日井ボーイズ時代のメンバーも、強豪でレギュラーを張れるほどの選手たちばっかりだったんですけど、まったく違う緊張感に背筋が伸びる思いでした」

中京大中京は現在、春夏の甲子園での勝利数を合わせると歴代最多136勝を積み上げており、さらに優勝回数も春夏通算で最多となる11度の日本一に輝いている。まさに高校野球界のトップに君臨する全国区の名門校にふさわしい選手たちが当時から揃っていた。

それは、選手たちのレベルに限ったことではなかった。

「全国一の実績があるだけあって、先輩たちのオーラもすごかったですし、上下関係の厳しさも中学までとは比にならないほどでした。僕自身、入学当日に同級生がいる前で先輩に些細なことで叱られたんですが、その時に思いましたね。『これが名門校の厳しさなんだ』って。今振り返れば理不尽な出来事だったんですが、上下関係や礼儀を学ぶことができましたし、その点に関しても中京大中京でよかったと思っています」

グラウンドについても「とても独特な場所なんです」と特別な思いを口にする。中京大中京は、強豪校としては珍しく校庭の延長線上に野球部のグラウンドがあり、学校生活の中で野球部の練習が日常的に行われている。

しかし、そこには、過去に結果を残してきた偉大な先輩たちの汗や歴史が染み込んでいる。グラウンドに試合で訪れたチームの多くは「グラウンドのあの独特な雰囲気にやられた」とまで話すほどだった。

人生の転機となる1年間のケガ

当然ながら、その空気を感じながら日々の練習をしてきたが、入学した時から注目される存在だったという。その期待に必死に応えようと厳しい練習に食らいついていったが、体が先に悲鳴を上げた。

入学してから2か月が経過した6月頃、腰を痛めてプレーすることができない状態となった。期間にして半年。夏はおろか、新チームになってから迎える秋季大会もベンチすら入れず、スタンドで仲間たちの活躍を見守ることになった。

「いろいろな感情がありました。特に秋の大会の時は、同級生は3人ほどスタメンに抜擢され、憧れだった伝統の中京大中京のユニフォームを着て試合で活躍する。その一方で、僕は何もできないままスタンドで応援する。本当に悔しかったです」

加えて、プレッシャーもあった。地元が中京大中京の所在する名古屋市内ではなく、少し離れたところだったこともあり、進学する際は大きな話題となった。

「クラブチームにいたので、中学の野球部ではなかったんですけど、愛知県内の名門校に進学して野球をすることで大騒ぎになりました。地元の応援を受けていた分、焦りを感じていました」

期待に応えられず苦しい時期が続くが、半年が過ぎたタイミングでようやく復帰できた。チームに合流して、ここからケガで遅れた分を取り戻し、春の大会こそ、中京大中京のユニフォームを着ることを目指すはずだった。

だが、再びケガが襲う。

それまでケガしていた腰をまた痛めてしまい、さらに半年間チームから離れることを余儀なくされた。その時には大藤監督からも「グラウンドに来なくていいから、まずはケガの治療に専念しなさい」と、とにかく完治させることを優先するように指示されたという。できる範囲でのトレーニングをしながらも、基本的には病院での治療・リハビリに専念する毎日。その期間に仲間たちはどんどん上達していく。当然、西川さんの中では不安や葛藤があった。

「幼い頃からプロ野球選手を目指してきた中で、プレー以外のことで初めて挫折を経験しました」

ショックは、様々な不安を生み出すようになる。

「思うように練習ができず期待に応えられない。しかも周りの選手は県内トップの選手ばかりが集まっているので、ケガを治してから追いつけるのかもわからない。2年半の短い高校野球においてすでに1年間はケガで終えてしまった。残りの期間どれだけ頑張っても、レギュラーどころかベンチにも入れずに、高校野球が終わってしまうかもしれない」と。

少しずつマイナス思考に傾きはじめ、こんなことまで思った。

『ケガを理由に野球をやめた方がいいんじゃないか』

厳しい状況に耐え切れず、現実から逃げようと何度も心の中ではプレッシャーに負けかけた。そんな時に支えになっていたのは、周りの存在だった。

「同級生からは『世一が戻ってこないとダメだ』とよく声を掛けてもらっていました。大藤監督にも、週一回でケガの具合を報告する時に、必ず『グラウンドで待っているから、早く戻ってこい』と励ましていただきました。その時の僕はケガのせいで、心が折れそうになっていた時期だったので、そのような言葉がありがたかったですし、野球を継続していく上で大事な支えになっていました」

チームメイト、恩師だけではない。父の存在もあった。

「普段から僕の考えを尊重してくれる人で、ケガをしていた時期も『頑張れ』って言葉を送るんじゃなくて、『苦しいと思うならやめてもいいよ』と話をしてくれるような父だったんです」

そう語りながらも、必死で息子のケガを治そうとする父の姿に心動かされる。

「いろいろな病院を調べては、そこへ連れて行ってくれて。腰のケガだけで、何か所回ったかわからなくなるくらい、多くの病院に行かせてもらいました。そういうサポートをしてもらったからこそ、『こんなところで挫けたらダメだ』と思いましたし、元気になってプレーで恩返しをすると心の中で強く誓いました」

こうしてつらく厳しいケガの期間を乗り越え、2年生の夏に完全復活。止まっていた高校野球生活が再び動きはじめた。

プレッシャーと戦い続けた最後の1年

チームは先輩たちと世代交代をして、新チームが始動。自分たちが中心となるタイミングで合流したが、1年間のブランクは大きい。まずは仲間たちに追いつくところからだと思っていると、秋季大会から背番号を渡され、試合にも起用される。

長く戦線から離れていながら思いもよらない厚遇。驚きと同時に嬉しいことでもあったが、水面下では反対意見もあった。「後から聞いたことですが、やっぱり1年間ケガでチームを離れていた僕に、背番号を渡して試合に抜擢することに納得できない父兄の方もいたそうです」と振り返る。

当時はその視線に気づくことはできなかったが、恩師はそのことを十分理解した上で、西川さんに厳しく接していた。

「プレーだけではなくて、学校生活でも特別厳しく指導された気がします。昼休みに体育着のジャージを着ていただけで監督に呼び出されて、その場で怒られたことがありました。確かに体育の授業でもなかったので、制服を着ていないのは叱られて当然かもしれないですが、監督の中では1年間練習をしていない僕がレギュラーになったことのリスクを考えた上で、だらしなかった僕を指導してくれたんだと思います」

さらに、大藤監督の指導力を痛感した時があった。

「3年生の春の大会がすべて終わったタイミングで、ファーストで4番の主将が僕のポジションであるレフトの練習に入りました。春の県大会、東海大会では1番打者として結果もそれなりに残していたんですけど、主将がレフトを守るのであれば僕は2番手になってしまいます。夏の大会まで残りわずかだったので、『このまま夏を終えるわけにはいかない』と焦る気持ちが練習に向かわせました。負けたくないという気持ちで、誰よりも長くグラウンドに残って練習をしていたら、1週間くらいでいつの間にか主将は以前のポジションに戻っていました。監督は僕の性格をわかっていて、あえて危機感を持たせ成長のきっかけを作ったんだと思います。

大藤監督にはいろんなことを教わりました。本当に感謝しています。経営者としてまだまだ力不足を痛感することばかりですが、当時の経験があるから相手の痛みや背景を理解できるようになりました。自分自身の行動でメッセージを伝えたり、相手を信じて託したりということなどについても、監督から学ばせていただいたと思います」

こう振り返る西川さんだが、その後、猛練習の代償で左ひざを痛め、追い込み期間である5、6月は病院で痛み止めの注射やサポーターを使うなど、満身創痍の状態で夏の大会を迎えなければいけない状態だった。

走ることもままならないほどだったが、痛みをこらえてレフトのレギュラーで出場。バッティングを武器に強豪・中京大中京で存在感を示し続けたが、最後の夏、愛知大会準決勝でチームは敗れて甲子園出場とはならなかった。

最初から最後までケガに苦しめられた西川さんの高校野球生活だったが、「ケガをしたことで人生に必要な多くのことを学べました。今思えば貴重な経験だったと思います」と後悔はない。

成功も失敗も味わう社会人生活の幕開け

中京大中京を卒業した後、大学へ進学するが、「ケガの影響や、プロ注目と評価されたチームメイトでもプロ野球選手になれなかった現実もあって、幼い頃からの夢だったプロ野球選手になることは難しいと思いました」と、野球の世界から離れることを決意した。

小さい頃から自分を支えてきた大きな目標の代わりになるものを考えた。そこで出てきたのが、「父のように経営者になりたい」という新たな夢だ。その夢を叶えるべく、素早く実行に移す。

大学を3ヶ月でやめて東京の経理学校へ転入。半年間だが経営のノウハウを学ぶと、それからデザインの専門学校に入学し、音楽イベントのプロデューサーなど、様々な経験を積み、父が経営していた紙器製造会社に入社する。

少ない人数の中で、主に新規事業を模索し、取引先へアポイントをかける営業活動の日々を過ごしてきたが、社会の厳しさを目の当たりにした。

「初めて父が仕事をしている姿を見たのですが、お客様に頭を下げている様子とかを見ると、複雑な気持ちになりましたし、『自分が頑張らないといけないな』という気持ちが湧いてきました」

日に日に募っていく危機感からも目を背けず、諦めずに前向きに打開策を講じる。まさに中京大中京時代のケガをして苦しんでいた時期と重なる部分も多かった。もがく日々の中、お菓子を使ったノベルティプロデュースの仕事から活路を見出す。

調べていくと、同じようなことをしている会社があまりなく、自分たちのポジションを確保できることに気がついた。まさにビジネスチャンスだったが、そう簡単には話が進まない。

「営業で電話しても『そんなにうまくいくわけがない』とか『そんなに手間がかかることをウチは対応できない』と言われました、でもどうしても諦められなかったんです」

こうして営業の電話をしていく中で、協力してくれる企業を見つけると、初受注で大手企業との契約を獲得する。「その時は倉庫で『よっしゃ』って思わず一人で叫んじゃいました。ガッツポーズもしていたし、涙も自然と出ていたかな」と感慨深く当時の喜びをかみしめた。

その後、時代の変化もあり、父の事業とは違うチャレンジをしなければならないと感じたことから、西川さんは東京で独立しようと決心した。営業のために東京へ行き、生産があれば名古屋に戻るというような目まぐるしい日々を過ごし、寝る間も惜しんで、お菓子ツールを切り口にしたビジネスモデルの構築を目指した。

そして2005年、株式会社ESSPRIDEを設立し、付加価値を追求した商品プロデュースを軸に独自の視点で会社を成長させてきた。今では、芸能、プロ野球、Jリーグ、アニメ、ゲーム、テーマパークなど物販商品の企画、製造、販売、店舗プロデュースを手掛け、各コンテンツのファン作りを任されているが、大きな挫折もあったという。

「3年目の時、商品不良で取引先に僕一人で謝罪をしに行った際、人生で初めて土下座もしましたし、その時に『クライアントとの取引がなくなれば、損害賠償額は18億円だ』と直接言われ、ことの重大さに大きなプレッシャーを感じました……。その後は、3か月間ひたすら取引先へ謝罪をするため走り回りました」

この影響もあり、一時的に売上が減ってしまうのは致し方なかった。社内からも不安の声が聞こえ、父からも「経営者失格だ」と厳しく叱られたという。

これ以上ないほどの苦しい状況だった。しかし、こんな時にこそ、中京大中京時代の経験が活かされることに気がついた。

「野球もビジネスもメンタルだと思ったんです。どちらも自分の調子さえ良ければ、勢いで乗り切ることができますが、調子が悪いと思考停止に陥ってしまいます。すると、できないことに理由をつけて、なんでも人のせいにしてしまうようになる。しかし最終的には、めぐりめぐって自己責任なんですよね」

メンタルを鍛え、常にポジティブ思考でいることの大事さを思い知る。

「ネガティブな発想しかできない間は視野が狭くなりますし、良い解決策も生まれない。疲れも溜まるだけなので、どれだけ自分のメンタルをコントロールできるかが重要です。いかに気持ちを前向きにできるか。結果を出さないといけないというプレッシャーや厳しい現実、弱気な自分に打ち勝っていくことが大事だということです。それは野球をしていた中京大中京時代と、経営者としてビジネスをしている現在の、重なる部分だと思いました」

このことに気がついてからは、寝る前には必ずポジティブなことを考えることをルーテインにしている。そしてもう一つ、西川さんを支えている言葉がある。

「僕の好きな言葉なんですが、『やり続ければ世界《けしき》が変わる　乗り越えれば世界《みらい》が変わる』というものです。やり続ければどんな形でも道が拓ける。苦しいことを乗り越えた先には、今まで見たことのない景色が見えると言い聞かせ、会社を経営して17年が過ぎました。この発想に至ることができたのも、社会人での苦い経験や高校野球でのつらい経験があったからだと思います」

新規事業・社長チップスに込められた熱き思い

こうして、いくつもの壁を仲間たちと乗り越え、17年目を迎えた株式会社ＥＳＳＰＲＩＤＥでは、２０１６年より始まった社長チップスがユニークなサービスとして、多くの人々に認知されている。

「社長チップスを始めたきっかけは、僕の原体験がベースにあるんです。父の会社は紙器製造業を手掛けていたのですが、あまり若者に知られる機会がない環境でした。そういった中小企業を、社長チップスを通じてワクワクさせたい、社長を主役にしたユニークな企画を展開することで社長の思いや人生を知り、同時にその事業を知ってもらいたいと考えました。特にあらゆる地域に存在する素晴らしい企業を、社長をきっかけにスポットライトを当てたい。もっといえば、若者が集まりやすい環境、若者が中小企業に興味を持つ仕掛けを考え、社長も若者もワクワクさせたいんです。加えて、子どもたちに社長という職業を少しでも知ってもらい、未来の後継者問題の解決にもつなげられたら嬉しいなと思っています」

お菓子ツールや面白い企画で、その会社の未来をつなげる。ちょっとした遊び心の奥にある社会貢献活動やSDGsにもつながる考え方が、社長チップス本来の姿なのだ。

大手新聞社、テレビ局に取り上げられたことを皮切りに、現在は600以上のメディアで掲載され、プロ野球や大手メディアともコラボレーションをするなど、ユニークな切り口で話題を作ってきた。その時に大事にしてきたのは、紹介する社長の「カッコいい面」だけでなく、人間臭さのような面も含めた人生の物語を伝えることだ。

「同じ業種でも、会社ごとに積み重ねてきた歴史やストーリーが絶対にあります。流してきた汗や涙、失敗と成功の両方を伝えるから、その企業の魅力はさらに際立ちます。事実、僕もこれまでの失敗を正直に話すことで、多くのファンを作ることができました。ですから、社長チップスはそういった部分まで掘り下げ、企業の魅力を伝えられるようにしたいと取り組んでいます」

そして今回、社長チップスで取り上げた経営者の方々のエピソードを、1冊の書籍にまとめた。この作品は、報道サイト「高校野球ドットコム」にて、社長チップスとのコラボ連載をスタートさせた2019年から構想にあったものだが、2年の月日を経てついに形となった。

ここまで取り上げてきた経営者のストーリーを読み返し、プロデューサーとして関わってきた西川さんは、「社会人としての経験は人によって異なる部分もありますが、根本的な部分は同じです。高校野球を限界まで取り組んできたからこそ、今の自分があるんだと感じている人が多いですよね」と改めて振り返る。

その上で、今回の書籍を通じて、何か一つのことに打ち込む姿勢が大事であると伝えたいと話す。

「僕の場合は高校野球を一生懸命やってきましたが、野球以外の別のスポーツでもいいですし、勉強でもなんでもいいです。真剣に突き詰めれば、その時の経験がビジネスに代わっても活かせる。そんなことがたくさんあると思います。

引退して間もない頃は、『これからどうすればいいんだろう』と悩むことも多いと思います。ですが、それまで夢中になって取り組んできたという事実や、その過程で培った忍耐力、闘争心、その他の様々な経験は社会に出てからも役立つことだと感じています。ですから、目標に向かって失敗をしても仲間に支えられながら、今やっていることを継続することが大切です。そして、社会に出ても同じ志を持って行動し続ければ、道は切り拓けると思います」

また、一人でも多くの球児や子どもたちが、将来経営者を目指すようになってくれたらと話す。

「いきなり経営者というと馴染みがないかもしれませんが、日本にある会社の99・7％がみなさんの周りに存在する中小企業。すぐ近くで多くの社長が活躍しています。そのうちの100万社以上が数年で廃業してしまうといわれていて、経営者の高齢化や後継者不足が深刻な問題となっています。

日本には素晴らしい技術や文化がたくさんあるのに、それらが失われてしまうかもしれない。そんな現状を知ってもらい、経営者という職業を一つの選択肢として持ってもらえたら嬉しいなと思っています。野球に真剣に取り組むことができた経験があれば、諦めずに前進していけますし、きっとその姿を見ている誰かが応援してくれるはずです」

経営者とは監督だ

現在は東京に本社を構え、全国で展開する株式会社ESSPRIDE。その会社というチームの監督として、全体を管理する西川さん。高校野球と経営者には共通点があると感じている。

「経営者はスポーツの監督に近いと思うんです。仲間たちをどんなポジションに置いて成長させるか。どうやったら、人として輝けるのか。そういった環境を作ることが大事だなと思っている部分があるので、監督と似ているんじゃないでしょうか。僕が中京大中京時代に、主将をレフトにコンバートさせて、競争意識を持たされていたみたいに」

高校時代の恩師、大藤監督とは現在も親交がある。「当時は『なんで自分だけ怒られるんだ』と思うことがありました。ただ、引退した後に『お前は性格が良くて、心が綺麗だった』と突然言ってもらえて。その時に『自分の

ために厳しく指導してくれていたんだ』と理解できました」と、感謝の思いを改めて口にした。

高校野球で負傷したケガによって培われたメンタルの強さを土台に、これからもオリジナリティあふれる事業で日本を明るく元気にしていくに違いない。当時の自分へのメッセージ、そして今後、経営者になり得る子どもたちへ、西川さんはこんなメッセージを送る。

「ケガをしても、逃げることなくやりきったことがよかったと思います。あのケガがあったから、いろいろなことを知ることができましたし、早くから違う世界を目指すことができました。ですから、子どもたちには、あらゆるステージで活躍する機会があることをまず伝えたいです。その上で、自分で一度決めた道は逃げずに、正面から進んで全力で走り切ってほしいというのが、僕からのメッセージです」

ケガの影響で思い描いた高校野球とは違うものになったが、その代わりに社会で活躍し続けるための心を手に入れることができた。

『やり続ければ世界《けしき》が変わる 乗り越えれば世界《みらい》が変わる』

この言葉を胸に、今後どんなに高く険しい壁が目の前に立ち塞がっても乗り越えていき、世界《みらい》を明るく、元気に変えていくに違いない。

おわりに

なぜ、球児たちは毎日ひたむきに練習に取り組むのでしょうか。

その答えは一つではありませんが、多くの球児は「甲子園に出場するため」と答えます。もちろん、今まさに甲子園を目指している球児たちは、その思いが強いと思います。ただ、毎日のひたむきな練習は、甲子園出場だけが目的ではないことは、本書に登場した社長たちの言葉から感じ取れることでしょう。

グラウンドの中で毎日、監督に叱られたこと。自分のミスで試合に負けたこと。厳しい練習に耐えかねて逃げ出したこと。野球を通して経験した様々な失敗を糧にして、彼らは今、人の上に立ち、様々な重圧に耐えながら会社経営をしています。

社長になってからも、失敗して打ちのめされ、時に屈辱を味わうような経験をしたり、自分の小ささに絶望したりした時も、それでも高校時代のグラウンドでの経験が彼らを支えていました。

野球を通じて、困難を乗り越える力を養えることとは、本書で紹介した社長たちが証明しています。社長業というフィジカル面もメンタル面も過酷なイメージのある職業ですが、社長たちのお話を聞いていると、高校野球のように情熱的であり、青春の続きであるようなそんな素晴らしさも感じさせてくれました。

この本を通じて、社長業の面白さに出会い、将来会社経営を夢見る球児が一人でも多く誕生してくれたら、これほど嬉しいことはありません。もちろん、球児だけでなくこの本を手にしてくださった読者のみなさまが、社長一人ひとりのエピソードに共感し、社長を少しでも身近に感じていただけたら嬉しく思います。

２０２１年10月

高校野球ドットコム編集部
社長チッププロデューサー　西川世一

人生で大切なことは すべて高校野球から教わった

2021年12月3日　初版第一刷発行

著　　者／高校野球ドットコム編集部
共同企画／西川世一（社長チップスプロデューサー）

発 行 人／後藤明信
発 行 所／株式会社竹書房
〒102-0075　東京都千代田区三番町8-1　三番町東急ビル6F
email：info@takeshobo.co.jp
URL　http://www.takeshobo.co.jp

印 刷 所／共同印刷株式会社

カバー・本文デザイン／轡田昭彦＋坪井朋子

企画進行／西川真理子（社長チップスメディア編集長）
家冨絢（社長チップス事業部）・味坂夏子（社長チップス事業部）

特別協力／荒井健司（株式会社Wood Stock代表取締役）

取材協力／澤井芳信（株式会社スポーツバックス社長）・町田友潤（株式会社Gree社長）・清水孝悦（ふじ清社長）・阿久根謙司（東京ガスケミカル株式会社常務）・平山勝雄（株式会社ケイコンテンツ社長）・小杉陽太（株式会社 l'unipue社長）・岡本篤志（株式会社L.M.K・代表取締役）・豊留恵（株式会社ライジングユニオン社長）・福田潤（株式会社J-LIFE CREATION社長）・菅谷重貴（株式会社ハウジング重兵衛社長）・生嶋健太（株式会社ENERGIZE-GROUP社長）・阿部慎史（ブレイクスルーパートナー税理士法人代表）・後尾和男（新灯印刷株式会社社長）・西川世一（株式会社ESSPRIDE社長）※収録順

編集・構成／高校野球ドットコム編集部（安田未由・栗崎祐太朗・田中裕毅）
社長チップスメディア編集部

編 集 人／鈴木 誠